돈 버는 언니
돈 버리는 언니

돈 버는 언니
돈 버리는 언니

지은이 | 김현철
펴낸이 | 박상란
1판 1쇄 | 2018년 8월 20일

펴낸곳 | 피톤치드
교정교열 | 김동화 디자인 | 황지은
경영·마케팅 | 박병기

출판등록 | 제 387-2013-000029호
등록번호 | 130-92-85998
주소 | 경기도 부천시 원미구 수도로 66번길 9, C-301 (도당동)
전화 | 070-7362-3488
팩스 | 0303-3449-0319
이메일 | phytonbook@naver.com

ISBN | ISBN 979-11-86692-21-9 (03320)

「이 도서의 국립중앙도서관 출판예정도서목록(CIP)은 서지정보유통지원시스템 홈페이지(http://
seoji.nl.go.kr)와 국가자료공동목록시스템(http://www.nl.go.kr/kolisnet)에서 이용하실 수 있습
니다.(CIP제어번호: CIP2018021947)」

재테크 잘 하는 언니들의 비밀 노트

돈 버는 언니
돈 버리는 언니

김현철 지음

피톤치드

재테크는 여성의
베스트 프렌드

"먹고사는 게 너무 힘들어요."

"돈 걱정 없이 사는 방법은 없을까요?"

"도무지 여유가 생기지 않아요. 매달 너무 빠듯해요."

수년간 재무 상담을 하며 여성들에게 가장 많이 들었던 말이다. 많은 사람이 매일 일터에 나가 열심히 일하고, 소비하고 싶은 것을 참으며 돈을 아껴 쓰면 더 나은 미래가 올 것이라고 믿고 있다. 그러나 현재 2030세대의 미래는 걱정스러운 정도를 넘어 두렵기까지 하다. 과거와 다르게 취업률이 점점 낮아지고, 매년 물가가 상승해 월급만으로 생활하기가 벅찬 상황이다.

남녀를 차별하는 것이 아니라, 상담을 하다보면 유독 여성들에게 마음이 쓰이는 경우가 있다. 미래를 대비하는 일은 남녀 모두에게 중요하지만 여성은 별도의 준비 과정이 더 필요하다. 대다수의 기혼 여성은 결혼 후에 경제적인 주도권을 쥐지만, 돈 관리를 어떻게 해야 하는지 제대로 배운 적이 없다. 또한 돈 관리를 잘해보려고 해도 관리할 만큼의 여유가 없어 쉽게 포기하곤 한다. 출산을 하면 경력 단절로 일자리를 찾는 것이 쉽지 않고, 어렵게 일을 구한다 해도 육아와 가사까지 병행하느라 고군분투한다. 이런 이유로 여성들은 절박한 마음을 가지고 어떻게 하면 가정 경제를 안정적으로 유지하고, 노후를 편안하게 보낼 수 있을지 방안을 찾는다. 재테크가 여성의 베스트 프렌드가 되는 것은 어찌 보면 당연한 일이다.

그런데 재테크와 관련해서 여성에게 드리워진 편견이 있다. 첫 번째는 여성이 남성보다 투자를 잘하지 못한다는 것이고, 두 번째는 여성은 모험을 싫어하기 때문에 큰돈을 모으지 못한다는 것이다. 결론부터 말하면 모두 근거 없는 억측이다. 이를 뒷받침하는 사례를 소개한다. 미국 UC버클리 대학의 터렌스 오딘 교수가 3만 7천여 가구의 증권 계좌 거래 내역을 조사한 결과, 평균적으로 여성이 남성보다 높은 수익률을 기록했다고 한다. 남성이 여성보다 수익률이 좋지 않았던 가장 큰 이유는 주식을 자주 샀다, 팔았다 하여 거래 수수료를 많이 물었기 때문이다.

여성이 모험을 싫어해 투자에 불리하다는 편견도 마찬가지다. 경기가 좋을 때는 남성이 모험적인 투자로 수익을 더 많이 올릴 수 있다. 하지만 불황일 때는 조심성 있는 여성의 수익률이 더 높다. 여성은 남성과 다르게 재무 목표가 재정적 독립인 경우가 많다. 그래서 장기적인 계획을 세우는 것이다.

또한 여성은 남성보다 무리하게 투자하지 않고, 가지고 있는 자산을 지키고자 노력한다. 그러다 보니 자산이 크게 늘어나지는 않지만, 자신이 가진 범위에서 아껴 쓰고, 자투리 돈을 모아 목돈을 만드는 능력이 뛰어나다. 자산을 늘리려면 기본적인 투자가 병행되어야 하기 때문에 이런 능력은 매우 중요하다. 투자를 시작하려면 가장 먼저 목돈을 마련해야 한다. 재테크의 기반을 닦는 목돈 만들기에 있어서는 남성보다 여성이 유리하다. 따라서 여성이 재테크에 관심을 갖고 열심히 공부하면 발전할 가능성이 크다. 그런 다음 장기적인 관점에서 투자한다면, 돈을 지키고 불리는 일을 남성보다 훨씬 잘할 것이다.

필자는 베스트 프렌드인 재테크와 더 깊이 사귀는 방법을 알려주기 위해 이 책을 썼다. 숱한 상담을 통해 쌓은 노하우가 독자들에게 잘 전달되기를 바란다. 이 책이 삭막한 세상을 살아가는 사람들의 삶을 조금이나마 여유롭게 하는 데 기여한다면 더 바랄 것이 없다.

책이 나오기까지 수고해준 모든 사람에게 고마움을 전한다.

김현철

첫째 주리

쇼핑의 여왕이자 욜로족. 자기만족과 스트레스 해소를 핑계로 이곳저곳에 아낌없이 돈을 뿌리고 있다. 프리랜서 통역사로, 잘나가는 고수익 골드 미스이긴 하지만 '노후 준비, 그게 뭐예요?'라는 마인드를 갖고 있어 가족들에게 걱정을 끼치고 있다.

둘째 아라

한 아이의 엄마이자 결혼 5년 차 주부. 경력 단절 여성. 사랑으로 한 결혼이지만 재무 문제 때문에 남편과 다투는 일이 많다. 그럼에도 누구보다 가족들과 행복하게 살고 싶은 욕망이 강하다. 재무 관리 방법을 열심히 공부할 자세가 되어 있다.

셋째 모아

짠테크 여왕이자 이제 막 입사한 사회 초년생. 어릴 때부터 돈이 중요하다는 것을 알고 무조건 절약하는 것을 실천했다. 인터넷 재테크 카페, 재테크 노하우 수집에 관심이 많다. 모아의 목표는 N포세대로 살지 않고 결혼 준비를 잘해 안정적으로 사는 것이다.

세 자매 부모님

베이비부머 세대. 대한민국 보통의 부모님이다. 언제나 딸들을 사랑하고 믿는다. 평생 빠듯하게 산 탓에 노후 준비가 제대로 되어 있지 않다. 예기치 못한 일을 겪으면서 돈 없는 노후에 대한 두려움을 느끼고 있다. 이제부터라도 노후 계획을 잘 세워 자식들에게 부담을 주지 않는 부모가 되고 싶은 마음이 간절하다.

어느 날, 아라가 단톡방에 이혼을 선언한다. 모아의 비상소집으로 한자리에 모인 세 자매. 아라는 그 자리에서 매달 가계부 적자가 점점 커져 대출을 받았는데, 남편에게 발각되었다고 말한다. 우연한 기회로 알게 된 최고의 재무 설계사 머니 닥터에게 아라는 가정의 재무 문제를 진단받고 솔루션을 전수받는다.

주리는 갑자기 몸에 문제가 생겨 수술을 받고 보험 하나 없는 것이 걱정스러워 재무 상담을 받는다. 욜로족인 주리는 그동안 재무 문제라면 피하기만 했다. 그런데 머니 닥터의 냉철한 재무 상담을 통해 더 이상 이대로 살면 안 된다는 것을 깨닫는다. 멋진 싱글로 살고 싶은 주리의 바람은 과연 이루어질까?

세 자매 중에 가장 야무지기로 소문난 모아. 독학으로 재테크를 배우고 매우 열심히 실천했는데, 돈 욕심 때문에 난생처음 투자를 했다가 전 재산을 날려버린다. 모아에게 필요한 건 바로 머니 닥터! 모아는 머니 닥터에게 사회 초년생이 지켜야 할 재무 원칙에 대해 코칭을 받는다.

머니 닥터의 도움으로 어려움을 이겨낸 세 자매. 어느 날 어머니가 암에 걸렸다는 소식을 듣게 된다. 이 모든 난관을 이겨내고 돈가네 가족은 행복해질 수 있을까?

목차

03 딸아 story
나처럼
야무진 애가 어디 있어?

04 부모님 story
노후 30년,
이리 힘들 줄이야

05 여자의 돈 관리
여자의, 여자에 의한,
여자를 위한 재무 솔루션

이혼이
무서운 줄 알고?

'나, 이혼할 거야.'

새벽까지 밀린 일을 하다 늦게 잠이 든 주리는 카톡 알림 음에 눈을 떴다. 동생 아라, 모아와 함께 만든 단체 카톡방 에는 아라가 보낸 메시지가 여러 개 있었다.

'이 결혼을 왜 했나 싶어.'

'나 혼자 잘 먹고, 잘 살자고 그랬냐고! 이 나쁜 놈!'

잠이 덜 깬 주리는 대체 이게 무슨 상황인지 도통 알 수 없었다. 휴대폰을 내려놓고 다시 잠을 자려는데, 이번에는 전화벨이 울렸다. 막내 동생 모아였다.

"아, 잠 좀 자자. 둘이 번갈아가면서 왜 그래! 나 4시에 잠들었어."

"언니, 지금 잠이 문제야? 아라 언니 카톡 못 봤어?"

"무슨 소리야. 갑자기 이혼은 뭔 놈의 이혼? 부부 싸움 해놓고 괜히 오버하는 거 아냐?

"나도 자세히는 모르겠는데, 심각한 거 같아. 이따 저녁에 아라 언니네 동네 카페에서 만나자. 내가 아라 언니 데리고 갈게."

주리는 늦지 않게 약속 장소에 도착했다. 동생들은 도착 전이었다. 잠에서 깨어 곰곰이 생각해보니 아라가 결혼하고 '이혼'이란 단어를 입에 올린 건 이번이 처음이었다. 신혼 때는 결혼하길 잘했다는 말을, 조카가 태어났을 때는 너무 행복하다는 말을 입에 달고 산 아라였다.

'장난으로라도 이혼 얘기를 할 애가 아닌데…….'

주리는 제부에게 전화를 걸었다. 아라의 남편은 평소 주리를 친누나처럼 따랐다. 잠시 후, 제부가 무거운 목소리로 전화를 받았다.

"왜 그래? 둘이 크게 싸운 거야? 아라가 울고불고 난리도 아닌 것 같아."

"죄송해요, 처형. 저 자존심이 너무 상해서 드릴 말씀이 없어요."

"대체 무슨 일인데 그래. 두 사람 이야기를 모두 들어봐야……."

"아라한테 들으세요. 죄송한데 먼저 전화 끊겠습니다."

주리는 제부의 태도에 깜짝 놀랐다. 한 식구가 된 후로 자신을 이렇게 싸늘하게 대한 적이 없었기 때문이다. 보통 심각한 일이 아니라는 생각이 들었다. 그때 아라와 모아가 카페 안으로 들어왔다.

아라는 얼마나 울었는지 눈이 퉁퉁 부어 모자를 푹 눌러 쓰고 있었다. 세 살배기 아기는 영문도 모르고 유모차에서 잠들어 있었다. 아라는 자리에 앉자마자 다시 울먹이더니 겨우 입을 열었다.

"내가 애 아빠 모르게 대출을 좀 받았거든. 조금씩 갚고 있었는데, 그걸 들켜버린 거야. 처음엔 미안하다고 했어. 그런데도 너 같은 여자를 믿고 어떻게 사느냐며 펄쩍펄쩍 뛰고……."

"언니, 그건 언니가 잘못했네. 부부 사이에 돈 문제를 그렇게 처리하면 안 되지!"

모아의 말에 아라의 눈에서 불꽃이 튀었다. 그때, 주리가 말했다.

"모아야, 일단 아라 얘기 다 들어보기 전엔 아무 말도 하지 마. 그래서 대출은 왜 받은 건데?"

"돈이 없으니까 그랬지! 내가 명품 가방을 샀어, 성형을 했어? 생활비가 부족해서 그런 건데 내 말은 들어보지도 않고 노발대발하잖아. 너무 화가 나서 이혼하자고 해버렸어."

"어휴!"

아라가 다시 울기 시작하자 주리와 모아는 한숨을 내쉬었다. 일단 아라를 달래주는 게 먼저였다.

"일단 그쳐. 자꾸 울면 기운 빠져."

평소에는 철없는 큰언니로 통하는 주리였지만 엉엉 우는 아라를 보니 가슴이 찢어지는 것 같았다.

"아라야, 부부 사이에 돈 문제는 엄청 중요한 거야. 우리 부모님을 생각해봐. 뭐 때문에 부부 싸움을 그렇게 많이 하셨니? 다 돈 때문이잖아, 돈!"

"나도 언니처럼 돈이나 벌면서 혼자 살 걸. 괜히 저런 놈을 만나 가지고……."

"넌 애 있는 데서 그런 말이 나오니? 너 진짜 안 되겠다."

"저, 죄송하지만……."

그때, 옆 테이블에 앉아 차를 마시고 있던 여성이 조심스럽게 말을 걸었다.

"아, 죄송해요. 저희가 너무 시끄러웠죠? 워낙 심각한 일이 있어서요."

주리가 황급히 사과했다.

"그게 아니라요. 아까부터 듣고 있었는데, 남 일 같지 않아서요."

그녀는 흰머리가 군데군데 보이는 것이 50대 초반 정도로 보였고, 인자한 인상을 가지고 있었다.

"혹시 초면에 실례가 아니라면 제가 동생분에게 꼭 필요한 사람을 소개해도 될까요?"

"꼭 필요한 사람이요? 그게 누군데요?"

울먹이던 아라는 어리둥절해서 그녀를 멀뚱멀뚱 바라보기만 했다.

"있어요. 머니 닥터라고. 재무 분야에서 아주 유능한 사람이에요."

눈이 퉁퉁 부은 아라, 놀란 주리, 호기심이 발동한 모아는 서로 알 듯 말 듯한 눈빛을 주고받았다.

부부, 대화가 필요해

안녕하세요. 돈 때문에 머리도, 마음도 아픈 여러분에게 처방을 내려줄 머니 닥터입니다. 둘째 아라의 이혼 선언! 돈 가네 세 자매가 마음이 아주 복잡하겠네요. 결혼은 그야말로 일생일대의 결심이 서야 가능한 일입니다. 굳은 마음으로 시작한 결혼 생활이 돈 때문에 휘청거린다면 얼마나 가슴 아플까요.

그런데 제가 많은 사람을 상담해보면 부부 사이에 '돈'은 거의 금기시되는 대화 주제입니다. 부부간에 재무 대화만큼 중요한 것도 없는데 급한 일이 생겼을 때, 발등에 불이 떨어졌을 때 부랴부랴 대화를 시작하는 부부가 많습니다. 그나마 곱게 대화만 하고 끝나면 다행이죠. 남편은 "힘들게 돈 벌어다 줬는데, 관리를 어떻게 하는 거야!" 하며 아내 탓을 하고, 아내는 "얼마나 많이 벌어다 줬다고 난리야. 그 돈으로 생활하는 게 쉬운 줄 알아?" 하며 남편 탓을 하다가 대화를 제대로 끝내지 못하는 경우가 많습니다.

자, 그렇다면 아라 부부처럼 돈 때문에 이혼을 들먹이는 불상사를 예방하려면 어떻게 해야 할까요? 우선 서로의 월 소득부터 공개해야 합니다. 부부니까 당연히 서로의 월 소득쯤은 알고 있는 거 아니냐고요? 그렇지 않습니다. 2016년 삼성생명 은퇴연구소가 30~40대 부부 200쌍을 조사한 결과, 배우자의 월 소득을 정확히 알고 있는 사람은 절반도 채 미치지 못했습니다.

배우자의 월 소득을 알고 있느냐고 물으면 대부분 '그렇다'라고 대답합니다. 하지만 대충 얼마쯤으로 알고 있는 것과 정확한 월 소득을 알고 있는 것은 큰 차이가 있습니다. 서로의 정확한 월 소득이 얼마인지 공개하는 과정은 반드시 필요합니다.

이 과정을 통해 서로의 소득 규모를 정확히 파악했다면, 다음에 해야 할 일은 무엇일까요? 그렇죠. 정확한 지출 규모를 알아야 합니다. 그래야만 우리 집 자산이 얼마인지 계산할 수 있습니다. 여기서 한 가지 강조하고 싶은 것은 빚도 자산이라는 것입니다. 부채와 유형, 무형의 재산을 합해야 정확한 자산을 파악할 수 있습니다. 이러한 정보는 부부간의 허심탄회한 대화가 아니고서는 알 수 없으므로 재무 대화는 매우 중요합니다.

그렇다면 어떻게 해야 원활한 재무 대화를 할 수 있을까요? 보통 부부가 돈 문제 이야기를 꺼리는 이유는 미래를 주제로 대화하는 것을 어려워하기 때문입니다. 한 치 앞도 모르는 세상에서 미래를 이야기하는 게 결코 쉽지는 않죠. 가족의 미래에 대해 부부가 생각하는 바가 서로 다를 수도 있습니다. 그러면 또 갈등이 생길 수도 있죠. 그래서 서로에게 열린 마음을 갖는 것이 중요합니다. 하나뿐인 인생의 동반자와 미래를 설계하지 못한다면, 누구와 할 수 있겠습니까.

또 한 가지 이유는 부부 중 한 사람이 돈 관리를 전담하기 때문입니다. 상대방이 알아서 관리하니 대화할 필요가 없다고 생각하는 것은 상당히 위험합니다. 부부는 경제공동체입니다. 한 사람은 돈 관리에 열중하는데, 한 사람은 방관자가 되어서는 안 되죠. 한 사람이 주도적으로 관리한다 해도 가정 경제가 돌아가는 상황은 두 사람 모두 알고 있어야 합니다. 그래야만 지출에 대해서도 책임감을 가질 수 있겠죠.

다음은 부부끼리 재무 대화를 할 때 잊지 말아야 할 사항입니다. 이대로만 실천해도 돈 때문에 갈등을 겪는 일을 막을 수 있다고 자신합니다.

1. 잦은 대화보다 꾸준한 대화가 중요하다

재무 대화를 하겠다고 결심하는 것은 참 좋은 일이다. 이때 자주가 아닌 꾸준히 하는 것에 초점을 맞추어야 한다. 한 달에 한 번 재무 대화를 하는 것이 적게 느껴질 수도 있지만 이조차도 꾸준히 하기란 쉽지 않다. 대화가 끊어지지 않게 꾸준히 하는 것을 목표로 하고 점차 횟수를 늘려야 한다.

2. 재무 상태를 정확한 숫자로 점검하라

숫자는 제 나름의 역할을 단단하게 해낸다. 특히 돈 관리에 있어서 숫자만큼 중요한 것은 없다. 우리 가정의 재무 상태를 냉정하게 파악하고 목표를 정하기 위해서는 재무 상태를 숫자화 할 필요가 있다. 다소 자존심이 상하는 일이 생기더라도 숫자를 통해 객관적으로 재무 상태를 파악하고 반성하는 시간을 가져야 한다.

3. 부채 상환 계획부터 세워라

재무 대화를 통해 몰랐던 빚의 정체를 알았다면? 혹은 알고 있던 것보다 빚의 규모가 더 크다면? 반드시 부채 상환 계획부터 정비해야 한다. 이 문제를 해결하다가 갈등을 일으킬 위험도 있지만 그래도 반드시 짚고 넘어가야 한다. 감추거나 얼렁뚱땅 넘어갈 생각은 절대 하지 말아야 한다.

4. 지출 관리에 주력하라

대화와 소통을 통해 해야 할 일 중 가장 중요한 것은 지출 관리다. 지출 관리가 잘 되지 않아 아끼는 사람 따로, 쓰는 사람 따로 있으면 곤란한 상황에 처할 수 있다.

5. 적절한 분업이 가정 경제를 살린다

가족이라는 팀 안에서도 적절한 분업이 이루어져야 한다. 역할 분담을 위해서는 맞벌이 가정인가, 외벌이 가정인가를 기준으로 우리 가정의 특수한 상황부터 빨리 이해하는 과정이 필요하다.

어떻게 된 게
매달 적자야?

며칠 뒤, 아라와 남편은 격렬했던 감정을 가라앉히고 마주 보고 대화하는 시간을 가졌다. 아라가 먼저 입을 열었다.

"당신 모르게 대출받은 건 정말 잘못했어. 그런데 나도 사정이 있었어."

"부부니까 그런 사정을 이야기하고 공유해야지. 왜 당신 혼자서 그런 결정을 한 거야?"

"나도 처음부터 그런 게 아니잖아. 당신 혼자 일하느라 살림이며 돈 관리며 내가 다 하는데, 매달 생활비가 적자라고 하면 당신 나한테 뭐라고 했어? 대체 왜 살림을 그렇게 하냐고, 월급 가져다주면 다 어디에 쓰냐고 뭐라 했잖아!"

"그래서 나 몰래 대출받아서 해결한 거야?"

"적자 난 게 어디 하루 이틀이야? 처음에는 비상금으로 메꿨어. 근데 비상금도 금방 바닥나더라. 돈이 없는데 그럼 어떻게 해? 여기저기 빌리러 다닐 수도 없고. 잠깐 빌려 쓰고 갚으면 된다고 생각했는데, 그게 잘 안 된 거야."

남편은 깊은 한숨을 내쉬었다.

"결국 내 무능력 때문에 벌어진 일이구나."

"그렇게 말하지 마. 그런 말 안 하기로 하고 대화 시작한 거잖아."

아라의 가정은 대체 왜 적자가 나는 걸까? 중소기업에 다니는 아라의 남편은 아라가 임신을 하면서 외벌이가 되었고, 소득이 줄자 재무 문제가 급증했다. 일단 출산을 앞두고 육아 용품, 산후조리원 비용 등의 지출이 발생했다. 출산 후에는 생활비가 더 늘어났다. 돈 관리를 전적으로 맡고 있는 아라는 아라 대로 머리가 아팠다. 결국 아라는 카드 대금 중 일부를 결제하고 나머지가 대출로 전환되는 카드 리볼빙 서비스를 사용했고, 남편이 모르는 부채를 만들고 말았다.

아라네의 월 소득은 290만 원이다. 자산은 8천만 원 대출이 있는 전셋집 1억 2천만 원, 예금 3백만 원이 전부다. 지출을 살펴보면 주택청약저축 5만 원, 단기 적금 30만 원, 보험료 25만 원, 변액보험 20만 원이 있다. 이 밖에 전세대출금 20만 원, 비정기 지출 15만 원, 자동차 할부금 30만 원, 총

145만 원가량을 고정 지출로 쓴다.

변동 지출 중에서 가장 많은 비중을 차지하는 것은 역시 카드값이다. 부부의 용돈과 식비 50만 원씩 총 1백만 원, 공과금 25만 원, 유류비와 교통비 30만 원, 통신비와 인터넷 사용비 30만 원을 합하면 185만 원 가량을 지출한다. 정리하면 지출 총액은 330만 원이고, 월 40만 원가량의 적자가 발생하는 셈이다.

아라 가정의 자산 현황

부동산 자산 1억 2천만 원 + 예금 3백만 원		부채	8천만 원
		자본	4천 3백만 원
총액		1억 3백만 원	

고정 지출		145만 원	
주택청약저축	5만 원		
단기 적금	30만 원	80만 원	
보험료와 변액보험료	45만 원		
전세대출금	20만 원		
자동차 할부금	30만 원	65만 원	
비정기 지출	15만 원		
변동 지출		185만 원	
식비, 용돈	1백만 원		
공과금	25만 원	185만 원	
유류비와 교통비	30만 원		
통신비와 인터넷 사용비	30만 원		

290만 원 – (145만 원 + 185만 원) = –40만 원

40만 원 적자

분석 결과, 카드값과 자동차 할부금이 지출에서 상당 부분을 차지했다. 아라가 사용한 리볼빙 서비스에 적용되는 이율은 연 15.6%로, 매달 카드값 이자로만 5만 원 넘는 돈이 사라졌다. 변액보험도 문제가 많았다. 매달 적자를 면하지 못하는데, 적어도 10~20년을 납부해야 하는 상품은 아라네 가정 형편에 맞지 않았다. 머니 닥터와 상담을 하고 돌아온 아라가 방법을 제시했다.

　"일단 카드값부터 해결할 거야."

　"어떻게?"

　"변액보험 해지하고 환급금 받으면 갚을 수 있어."

　또한 생활비와 부부의 용돈을 신용카드가 아닌 체크카드로 사용하고 각각 40만 원, 30만 원 이상은 쓰지 않기로 조정했다.

　"자동차 할부금도 어서 갚아야겠어. 알아보니까 중도 상환 수수료까지 해서 190만 원이더라. 이건 지금 예금 잔고 있는 걸로 해결할게."

　"그러니깐 변액보험 그거, 내가 들지 말자고 했었잖아."

　남편의 말에 아라는 울먹이며 말했다.

　"그런 말이 지금 무슨 소용이야. 나와 계속 살려면 이제 그런 말은 하지 마. 평소에 내가 돈 관리하는 데 관심도 없었잖아."

남편은 아라의 모습에 한풀 꺾인 눈치였다.

"그래, 내가 미안해. 집안일이랑 당신 힘든 거 신경 많이 못 쓴 건 사실이야. 앞으로는 같이 대화하면서 잘해보자."

남편의 사과로 아라의 마음이 조금 누그러졌다.

"나도 미안해. 이번 일을 계기로 나도 많이 달라질 거야. 돈 관리하는 법도 열심히 공부할 거야. 우리 집은 내가 지켜야지."

"못난 놈 만나서 네가 고생이 많아. 나도 네가 힘든 거 모르는 거 아니야. 혹시나 나 몰래 대출받고 그러는 게 습관이 될까 싶어서 오버해서 난리친 것도 있어. 나 때문에 속 많이 상했지?"

남편의 다독임에 아라는 그간의 서운함이 녹아내리는 것을 느꼈다. 그러다가 문득 그간 마음고생한 것이 떠올라 남편을 흘겨보았다.

"나도 이혼이란 말을 입에 올린 건 잘못했지만, 그렇다고 어떻게 이혼하잔 말에 덜컥 알았다고 할 수 있어?"

"그럴 정도로 보통 일이 아니었잖아. 그리고 진짜 이혼할 생각이었겠어? 긴장 좀 하라고 그런 거야. 그런데 어떻게 해결할 방법을 알아낸 거야? 처형이 가르쳐줬어?"

"언니가 무슨 수로! 금전 개념이라곤 전혀 없는 사람인데. 전문가한테 상담 좀 받았지."

"그래? 누군지 모르겠지만 사부님으로 모시고 열심히 배워."

"당신은?"

"나는 당신이 시키는 대로 할게."

"퍽이나 그러겠다, 잔소리 대마왕!"

"너 지금 그게 남편한테 할 소리야?"

아라는 남편과 농담을 주고받다가 자신도 모르게 피식 웃어버렸다. 이로써 혹독했던 냉각기는 끝이 났다. 고성이 오가고, '이혼'이라는 단어까지 입에 올리며 싸웠던 아라 부부는 가까스로 웃음을 되찾았다.

재무 관리로 돈의 흐름을 만들자

흔히 재무 관리를 한다고 하면 이런 질문을 하는 사람이 많습니다.

"좋은 투자처가 없을까요? 어디에 투자해야 수익이 날까요?"

"앞으로 주식시장이 어떻게 될까요?"

많은 사람이 재테크나 자산 관리, 재무 관리 등을 자산을 크게 불리는 방법으로 생각하는 경향이 있습니다. 그래서 재무 관리는 자산이 많은 사람에게나 필요하지, 생활이 빠듯한 사람에게는 필요하지 않다고 여깁니다.

하지만 이는 잘못된 생각입니다. 재무 관리는 누구에게나 필요한 일입니다. 특히 아라네처럼 생활비 적자를 면하지 못하는 가정일수록 재무 관리 방법을 알고 실천하려는 자세가 반드시 필요하죠. 재무 관리는 재산을 크게 불리기 위한 것이 아니라 돈의 흐름을 만들어내기 위함이라는 것을 명심

해야 합니다.

제대로 된 재무 관리를 하기 위해서는 우리 집 자산을 정확하게 알아야 합니다. 그래야 재무 관리를 올바르게 하고 나아가 투자까지 생각할 수 있죠. 그렇다면 자산 현황을 파악하기 위해서는 어떻게 해야 할까요? 우선 현금 흐름부터 관리해야 합니다. 현금 흐름 관리야말로 재무 관리의 첫 단추라 할 수 있습니다. 효율적인 투자를 하기 위해서는 현금 흐름 관리가 뒷받침되어야 합니다.

자, 이제 우리 가정의 현금 흐름에 대해 생각해볼까요? 대부분의 가정은 고정 수입이 들어오면 며칠 뒤 전세대출금, 공과금, 관리비 같은 고정 지출이 발생합니다. 그 외에 추가로 용돈, 식비, 교통비 등이 포함된 변동 지출이 발생하죠. 그리고 나서야 저축 등의 투자가 이루어집니다. 따라서 아라네처럼 매달 적자를 면하지 못하는 가정이 수두룩하고 '월급이 통장을 스쳐 지나간다'라는 말을 입에 달고 사는 것입니다.

현금 흐름이 원활하게 이루어져 돈의 흐름이 막히지 않아야 그 가정의 재무 상태가 건강하다고 볼 수 있습니다. 우리 몸에 혈액이 잘 돌아야 하는 것과 같죠. 혈관이 어디 한 군데 막히거나 터지면 심각한 일이 발생하는 것과 같습니다.

따라서 부채 상환액 때문에 현금 흐름이 원활하지 못할

경우, 아라 부부가 그랬듯 고육지책을 써서라도 부채부터 털어내야 합니다. 전세대출금, 자동차 할부금 등 돈의 흐름을 더디게 만드는 원인이 있을 경우, 하루라도 빨리 해결책을 찾아야 합니다. 그리고 소득이 생기지도 않았는데 신용카드 등을 통해 지출하는 것을 막아야 합니다. 체크카드를 통해 계획된 지출이 가능한 소비를 해야 꽉 막힌 돈줄을 뚫을 수 있습니다.

응급 처치로 급한 불을 껐다면 이제 장기적으로 현금 흐름을 원활하게 만들 방법을 알아볼까요? 일반 가정에서도 손쉽게 따라할 수 있는 방법, 네 개의 통장 관리법을 추천합니다.

첫 번째 통장: 급여 통장

급여 통장으로 일정한 소득을 한데 합쳐야 한다. 급여 소득자라면 한 달 수입 규모를 정확히 알 수 있지만 사업 소득자이거나 기타 부수입 등 비정기 소득이 있는 가정은 정확한 수입 규모를 파악하기 어렵다. 소득을 한 통장으로 고정시키면 일단 가계의 전체 수입 규모를 한눈에 파악할 수 있다. 그런 다음 급여 통장을 통해 고정 지출을 관리하는 것이 좋다. 세금, 공과금, 고정 관리비 등은 어차피 고정적으로 나가야 할 돈이다. 고정 지출을 제외한 후의 소득을 실직 소득으로 봐야 한다.

두 번째 통장: 소비 통장

소비 통장은 변동 지출, 즉 생활비를 관리하기 위한 통장이다. 식비, 교통비, 문화비 등의 지출을 위한 용도로 활용하도록 하자. 소비 통장을 별도로 관리해야 매월 일정한 예산 내에서 소비하는 습관을 기를 수 있다. 예산 내에서 소비하는 습관이 자리 잡으면 쓸데없는 지출도 자연스럽게 줄어든다. 혜택이 많은 체크카드와 연계하면 더 좋다.

세 번째 통장: 투자 통장

투자 통장은 내 집 마련, 교육 자금, 은퇴 자금 등 재무 목적에 따라 투자 상품으로 빠져나갈 돈을 관리하는 통장이다. 각각의 목표에 해당하는 자금을 일정한 비율로 쪼개 운영할 수 있다. 투자 상품을 정할 때는 수익률을 따져야 하지만 그보다는 투자 목적과 투자 기간이 더 중요하다. 목적과 기간에 맞는 상품 중에서 수익률이 높은 상품을 선택해야 한다.

네 번째 통장: 예비 통장

예비 통장의 주된 역할은 리스크 방지다. 예기치 못한 변수나 리스크에 대비해 일종의 보험과 같은 역할을 한다. 재무 관리 시스템을 유지하기 위해서는 뜻밖의 상황에 대비하기 위한 비상 자금이 준비되어 있어야 한다. 또한 매년 발생하는 고정적인 비용(자동차 세금, 보험, 재산세 등)을 준비해두는 것이 좋다. 그러면 금액은 어느 정도가 적당할까? 최소 월 평균 지출의 3개월 치에 해당하는 금액을 준비해두는 것이 바람직하다. 예비 통장에 잔고가 쌓이면 그대로 두지 말고 투자 통장으로 이체하는 것이 좋다. 만약 예비 통장에서 돈을 꺼내 지출했다면 지출한 만큼 다시 채워두는 것도 잊지 말아야 한다.

통장을 무조건 네 개로 쪼개는 것보다 중요한 것은 소비를 통제하는 일이다. 이 과정을 통해 돈의 흐름이 원활해졌다면 재무 목표를 설정해야 한다. 재무 목표 설정은 재무 관리와 투자의 시작이다. 앞서 아라네는 형편에 맞지 않는 변액보험 때문에 돈의 흐름이 막혔고, 결국에는 계약을 해지하기로 결정했다. 이는 재무 목표가 확실하지 않아 발생한 실수라고 볼 수 있다. 재무 목표가 바로 서야 목적에 충실한 상품을 골라 투자를 할 수 있다.

재무 목표를 어렵게 생각할 필요가 없다. 재무 목표는 간단히 말해, 5년 뒤 이사, 7년 뒤 아버지 칠순, 10년 뒤 자녀 대학 입학에 필요한 돈을 미리 예상하고 계획을 세우는 것이다. 이런 재무 목표를 나열해보면 생각보다 많은 계획이 생길 것이다. 그 계획에 맞춰 목표 기간, 목표 금액, 매월 필요한 저축액 등을 구체적으로 정하면 된다. 모든 부분을 준비하는 것은 쉬운 일이 아니다. 이런 경우 우선순위를 정해 목표를 실천해 나가야 한다.

_____님의 자산 관리 시스템 〈매달 ___일 정산〉 ____ 년 ___ 월 시작

급여 통장		소비 통장		투자 통장		예비 통장	
계좌번호		계좌번호		계좌번호		계좌번호	
수입 총액	원	생활비 지출 총액	원	투자 총액	원	예비금 총액	원
급여				보장 자산			
보너스							
육아휴직비							
나의 목표	금액			목적 자산			
						비정기 지출	
						경조사비	
						자동차 관련 비용	
						생활 용품	
				유동 자산		여행 비용	
						기타	

아이의 앞날은
어쩌고?

'딩동! 딩동!'

토요일 아침부터 누군가가 초인종을 눌러대는 통에 아라의 남편은 잠에서 깨 거실로 나왔다.

"누구세요?"

"택배입니다! 돈아라 씨 댁이죠?"

현관문을 열자 한눈에 보기에도 무거워 보이는 커다란 박스 세 개가 버티고 있었다.

"문 좀 잡아주세요."

택배 기사가 낑낑거리며 박스를 현관문 안으로 들여놓았다.

'이게 다 뭐야? 또 뭘 산 거야?'

남편은 내용물이 궁금해 박스를 열어볼 생각으로 커터칼

을 찾았다. 그때, 베란다에서 빨래를 널던 아라가 고개를 빼꼼 내밀더니 말했다.

"그거 조심해서 뜯어!"

"이게 다 뭐야?"

"준이 책이야."

"책?"

남편은 '필요해서 샀겠지' 싶으면서도 뭔가 마음이 불편했다.

'전집이라도 산 건가? 아직 글도 모르는 세 살짜리 아이에게 이렇게 많은 책이 필요한지 모르겠네. 매달 학습용 장난감도 받고 있는데.'

한참 박스를 들여다본 남편은 이것도 다 돈이라고 생각하니 마음이 개운치 않았다.

'딩동, 딩동!'

그때 또 초인종 소리가 시끄럽게 울렸다.

'설마 또 택배?'

설마가 사람 잡는다고 했던가. 역시나 또 택배였다. 남편은 들고 있던 커터칼로 얼른 박스를 뜯으며 소리쳤다.

"여보! 이건 또 뭐야?"

감정을 싣지 않으려고 했지만 남편의 말투에는 숨길 수 없는 짜증이 묻어났다. 남편의 목소리가 심상치 않다는 것을 느낀 아라는 얼른 베란다 문을 열고 말했다.

"아, 그거 중고로 샀어. 비싼 거 아니야."

"누가 지금 비싸냐고 물었어? 뭐냐고 물었잖아!"

"세 살 아기들 만들기 놀이 하는 거야. 지능 발달에 좋다고 해서 인터넷에 중고로 올라온 거 샀어."

남편은 박스를 이리저리 뒤적였다. 한눈에 봐도 세 살짜리 아이가 가지고 놀기에는 너무 어려워 보였다. 남편은 선택의 기로에 섰다.

'이거 말을 해? 말아?'

남편은 얼마 전에 이혼을 거론하며 크게 부부 싸움을 해 또 다시 싸우고 싶지 않았지만 말을 하지 않고 참자니 너무 답답했다. 그래서 최대한 좋게 말하려고 노력했다.

"이런 건 좀 더 크면 사줘도 될 것 같아. 지금도 장난감 많잖아."

아라는 입을 다물었다. 할 말이 없어서가 아니었다. 남편이 아이 교육에 쓰는 돈도 아까워한다고 생각하니 괜히 서운했다. 아라는 결국 가만히 있을 수 없어 나지막한 목소리로 말했다.

"우리 집은 장난감 많은 거 아니야. 당신이 다른 집에 안 가봐서 그래."

아라는 정말 그렇게 생각했다. 아라는 종종 산후조리원

동기들을 만났는데, 그들 집에 놀러 가보면 장난감이며, 책이며 아라네보다 훨씬 많이 갖추고 사는 것 같아 은근히 부러웠다.

얼마 전에도 아라는 집 근처에서 조리원 동기들과 만남을 가졌다. 만나기만 하면 아이들 이야기를 하느라 시간 가는 줄 몰랐다. 둘째가 태어나기를 기다리는 한 동기가 한숨을 내쉬며 말했다.

"둘째 유모차를 알아봤는데 생각보다 너무 비싼 거 있죠. 결국 중고로 샀어요. 정말 필요한 것만 골라 사는데도 돈이 너무 많이 들어요."

"육아 용품 가격은 왜 그렇게 잘 오르는지 모르겠어요. 애 낳으면 필요한 것들이라 안 살 수도 없고……."

"애 키우는 데 기저귀, 분유, 옷값만 드는 게 아니야. 키즈카페도 한 달에 서너 번은 가는데, 그 돈도 무시 못해. 애를 집에만 데리고 있을 수도 없고."

다들 한마디씩 거들었지만 아라는 딱히 할 말이 없었다. 아이 키우는 게 힘들지 않아서가 아니었다. 아라는 다들 힘들 거라고 생각하면서도 한편으론 의구심이 들었다.

'다들 힘들다, 힘들다 하는데 이 와중에도 살 거 다 사고, 영어 유치원에도 보내는 사람들은 뭐지? 정말 다들 힘든 거 맞나? 왜 나는 나만 힘들다는 생각이 드는 걸까? 다들 힘든

데도 무리를 해서 사는 걸까? 아이들을 위해서?'

아라는 틈만 나면 잔소리를 하는 남편이 떠올랐다.

"남들과 비교하지 마. 남들 사는 게 우리랑 무슨 상관이야? 우리 분수에 맞게 살면 되는 거야. 준이가 나중에 공부는 못해도 어쩔 수 없는 거 아니야? 뭐든 능력껏 해야지."

남편은 남의 아이 이야기를 하듯 냉정하게 말했다. 아라가 벌써부터 아이 교육비를 걱정하는 것을 보면 꼭 자신을 무능력하다고 비난하는 것 같아 마음이 불편했다. 한편으론 아라가 앞으로 얼마나 더 돈타령을 할까 걱정되기도 했다. 아라는 냉담한 모습을 보이는 남편 때문에 화가 났다.

'교육이 경쟁인데, 어떻게 남을 의식하지 않을 수 있어? 혼자 잘났어! 누군 뭐 쿨하게 말할 줄 몰라서 이러는 줄 알아? 그렇게 쿨하게 살 거면 혼자 잘 먹고 잘 살지 결혼은 왜 하고 애는 왜 낳아?'

답 없는 교육비, 답을 찾아라

　교육비는 이른바 생활비라고 불리는 고정 지출과 함께 통장을 갉아먹는 지출의 양대 산맥입니다. 그런데 똑같은 지출이라도 바라보는 시각이 크게 다르죠. 흔히 고정 지출은 써버리는 비용이라고 생각하는 반면, 교육비는 투자라는 인식이 강하니까요.

　아라네와 같은 기혼 가정 부부를 상담하다 보면 교육비만큼 다루기 힘든 이슈도 없습니다. 많은 부모가 자신들은 교육비를 객관화하고 통제한다고 착각하고 있습니다. 하지만 지나치게 주관적으로 생각하고 있는 경우가 많죠. 그래서 교육비 지출을 줄이는 것이 좋겠다고 조언하면 화부터 내는 부모도 있습니다. 아이를 낳지 않았으면 모를까, 낳아서 키우고 있으니 원하는 만큼 투자를 해주는 것이 부모로서의 도리라고 생각하는 것이죠.

　그런데 이는 하나만 알고 둘은 모르는 처사입니다. 우리 모두가 교육비를 무제한으로 쓸 수 있다면 얼마나 좋을까요? 부모도 행복하고, 자녀도 행복하겠죠. 하지만 우리 가계에 들어오는 총 소득은 정해져 있고, 그 안에서 생활도 하고 미래도 준비해야 합니다.

'교육비를 무분별하게 지출하면 부모의 노후는 포기해야 한다'라는 말을 한 번쯤 들어보셨죠? 결코 과장이 아닙니다. 많은 부모가 노후 준비를 포기하고 자녀 교육에 모든 것을 쏟아붓습니다. 그런데 노후는 우리가 예상하는 것보다 훨씬 깁니다. 노후 준비가 제대로 되어 있지 않으면 매우 비참한 노후를 보내게 될 가능성이 큽니다. 지금의 욕망이 자녀 교육에 있다고 해서 그대로 행동으로 옮기면 훗날 반드시 후회하게 될 것입니다. 따라서 교육비만큼은 객관화해서 바라볼 수 있어야 합니다.

자, 그렇다면 교육비 준비는 어떻게 해야 하고, 어떤 전략을 써서 마련하는 것이 바람직할까요? 대입 전에 교육비를 다 모아놓는 것은 불가능합니다. 평범한 가정에서 자녀 교육비로 그 큰돈을 떼어 따로 관리하는 것은 결코 쉽지 않죠. 따라서 교육비 마련의 핵심은 플랜을 세우는 시기(자녀가 어릴 수록 좋습니다)는 앞당기되, 멀리 볼 줄 아는 것입니다.

이제 본격적으로 교육비를 마련하는 방법에 대해 알아보겠습니다. 일반 가정에서 가장 손쉽게, 오늘 당장 시작할 수 있는 준비는 바로 '적금'입니다. 요즘 같은 저금리 시대에 적금을 납입할 때 금리는 거기서 거기이므로 금리보다는 꾸준함에 더 집중하십시오. 금리로 이득을 더 보겠다고 전략을 세우는 것보다 꾸준히 길게 가는 것이 중요합니다. 이건 우리 아이 교육비라고 생각하고 어려운 일이 닥쳐도 지켜낼 수 있어야 합니다.

교육비와 관련된 적금은 키즈 적금, 교육 적금, 장학 적금 등 종류가 다양합니다. 자녀 명의의 적금을 들어놓으면 조건이 충족될 경우 우대 금리가 적용되고 부가 혜택도 따라옵니다. 만기가 되면 자동으로 연장되기 때문에 만기 때마다 연장할 필요도 없고요. 또 한 가지 잊지 말아야 할 것은 교육비를 저축할 때는 자동 이체를 설정해놓아야 한다는 것입니다. 그래야만 꾸준하게 유지할 수 있습니다. 자동 이체를 해놓지 않으면 당장 힘들 때, 돈이 필요할 때 써버리고 싶은 유혹에 빠질지도 모릅니다.

금리연동형 저축이나 펀드 같은 투자 상품을 활용해서도 교육비를 모을 수 있습니다. 펀드는 손해를 봐서 싫다고 말하는 사람이 많은데, 꼭 그런 것만은 아닙니다. 실제로 재무 상담가들은 자녀 교육비를 마련할 때 투자 상품을 많이 권합니다. 낮은 금리 때문이죠. 지금 시중은행에서 3%대의 적금 상품을 찾기란 쉽지 않습니다. 장기 재무 목표를 세울 때 물가상승률을 이겨낼 수 없는 상품에 투자하면 목표를 달성할 수 없습니다.

특히 교육비는 10년, 20년 뒤에 쓸 돈으로, 장기 목적 자금에 해당합니다. 따라서 투자 상품으로 마련하는 것이 적합한데, 대개 투자라고 하면 지레 겁을 먹곤 합니다. 투자는 무조건 위험하다는 생각 때문이죠. 철저하게 원칙을 지키고 시간을 갖고 투자하면 수익성을 극대화할 수 있습니다.

자녀 교육비를 마련하는 데 적합한 상품으로는 어린이 적립식 펀드와 어린이 변액유니버셜보험이 있습니다. 적립식 펀드는 변액유니버셜보험보다 수수료가 저렴하다는 것이 장점입니다. 낮은 수수료로 인해 운용 초기에 같은 수익이 나더라도 더 많은 금액이 적립됩니다. 또한 중도 해지 수수료가 없어 중도에 해지하더라도 해지 수수료로 인한 손해가 발생하지 않습니다. 다만 시간이 지나 목돈이 크게 쌓였을 때 일정 비율로 수수료가 차감되기 때문에 투자 기간이 10년 미만일 때 적합합니다.

변액유니버셜보험의 경우, 적립식 펀드보다 수수료가 높은 것이 흠입니다. 추가 납입을 활용하지 않는다면 운용 초기 적립률은 적립식 펀드보다 떨어질 수밖에 없죠. 그렇기 때문에 10년 미만은 적합하지 않습니다. 하지만 10년 이후부터는 수익이 난 금액에 비과세 혜택이 적용되기 때문에 무조건 10년 이상을 보고 투자하는 것이 적절합니다.

어린이 펀드는 최소 1만 원부터 가입할 수 있어 상대적으로 부담이 없습니다. 주가가 하락했을 때 추가 매입하면 상승 시에 그만큼 더 수익을 낼 수도 있습니다. 국내 펀드는 비과세 혜택도 있어 장기 투자에 좋고, 만기도 따로 없는 것이 장점입니다.

변액유니버셜보험의 부가 특약도 미리 알아보고 챙기십시오. 상품을 운용하는 동안 자녀가 아프거나 다쳤을 때 보상해주는 상품도 있고, 부모가 사망하거나 장해를 입었을 때 보상해주고 만기 시점까지 보험 회사가 대신 납입해주는 상품도 있습니다. 중도 인출이 자유로워 언제든 적립금 내에서 일부 금액을 쓸 수 있으며, 시장 상황에 따라 자유롭게 펀드로 변경할 수도 있습니다. 자녀가 성인이 되면 자녀의 명의로 전환할 수 있다는 것 또한 변액유니버셜보험의 큰 매력입니다.

그런데 보험은 장기 투자라는 관점에서 보면 좋지만, 중도에 해지하면 손해를 볼 수 있습니다. 그래서 우리 가정의 형편부터 살펴야 합니다. 우리 집의 수입과 지출액에 따라 적당한 상품을 골라 신중하게 가입하는 것이 포인트입니다.

교육비 마련에 적합한 상품

단기 상품	• 키즈 적금, 교육 적금, 장학 적금
중·장기 상품	• 금리연동형 저축 • 펀드(어린이 적립식 펀드, 어린이 변액유니버셜보험)

우리 집,
저축으로 지킨다

아라는 재무 상담 약속이 잡혀 있어서 머니 닥터의 사무실을 찾았다. 아라의 옆자리에 아라의 또래로 보이는 여성이 대기하고 있었다.

"저희 집도 이분한테 상담을 받고 재무 상태가 좋아졌어요. 오랜만에 근처에 왔다가 인사하러 잠시 들렀어요."

두 사람은 잠시 서로의 이야기를 주거니, 받거니 했다. 그녀는 30대 초반의 간호조무사라고 자신을 소개했다. 그녀는 20대 초반에 계약직으로 병원에 입사했다. 일은 너무 힘들었지만 그녀가 받은 월급은 쥐꼬리만큼도 안 되었다. 처지가 같은 동료들은 월급이 너무 적다며 불평을 입에 달고 살았다. 몇 개월 일하다 그만두는 사람도 부지기수였다. 하지만 그녀는 남들과 다르게 생각했다.

"월급 적은 거, 저도 잘 알죠. 게다가 계약직이고. 그런데 저는 이상하게 제가 하는 일이 좋았어요. 이렇게라도 일하고 돈을 버는 게 다행이라고 생각했죠. 월급을 받으면 3분의 2를 저축했어요. 월급 없는 셈 치고 죽어라 일하고 저축했죠."

그녀는 남들보다 꾸준히, 열심히 일했고, 성실함을 인정받아 결국 정규직으로 채용됐다.

"정규직으로 채용된 날에 급여 통장을 보는데, 눈물이 날 것 같았어요. 하고 싶은 일도, 사고 싶은 것도 많았는데 그 모든 유혹을 이겨내고 돈을 모은 내 자신이 너무 기특했어요."

아라는 평소라면 잘 모르는 여성의 말을 귀 기울여 듣지 않았을 것이다. 하지만 가정 경제가 휘청이고 남편과의 관계가 악화되는 일을 겪고 나서 그런지 그녀의 이야기에 관심이 갔다.

'누릴 것 다 누리면서는 절대 재무 목표를 달성할 수 없구나!'

그녀는 이런 조언도 해주었다.

"남들은 돈을 모으려고 저축하잖아요. 그런데 저는 돈을 쓰기 위해서 저축해요."

"쓰기 위해 저축한다고요?"

아라는 그 말의 의미를 선뜻 이해하지 못했다. 아라에게 저축은 돈을 쓰지 않는 일이었기 때문이다.

"예를 들어 지금 당장 냉장고 한 대를 사야 한다면, 대부분의 사람이 신용카드 무이자 할부로 살 거예요. 신용카드 무이자 할부로 사면 할인도 해주고, 다달이 나눠 결제하니 비싼 물건을 저렴하게 산 것 같은 기분이 들죠."

하지만 그녀의 생각은 달랐다. 처음에 냉장고를 샀을 때는 기분이 좋을 것이다. 그러나 바로 그 다음 달부터 신용카드 명세서에 찍히는 할부금 잔액은 유쾌하지 못하다. 생돈이 그냥 빠져나가는 기분이 든다. 만족은 냉장고가 집에 들어오는 날, 그 짧은 순간으로 그치고 나머지 기간 내내 마음이 불편하다.

"반대로 저축을 해서 냉장고를 산다고 생각해보세요. 120만 원짜리 냉장고를 사겠다는 목표를 정하면 목표를 달성해야 하니 매월 10만 원씩은 모으겠죠. 1년 만기 적금에 가입하면 딱이죠. 당장 살 수 없어 애가 타겠지만 그 마음은 참으면 돼요."

그녀는 적금이 만기된 후에 냉장고를 구입했을 때의 만족감은 당장 신용카드로 냉장고를 구입했을 때와 비교할 수 없다고 말했다.

"게다가 적금이 만기가 되면 이자가 생기잖아요. 신용카드는 빚만 남기는데, 저축을 하면 이자가 생겨요. 그러니 저축이 얼마나 좋아요."

아라는 그녀와의 대화에서 깨달음을 얻었다. 아라는 항상 당장의 충동적인 욕구를 충족시키면 행복해질 것이라고 생각했다. 소비하고 싶은 욕구를 충족시키지 못해 그게 늘 불만이었다. 하지만 막상 소비를 한 후 행복했던가. 물론 행복한 기분이 든 적도 있지만 잠깐이었다. 아라는 오히려 결핍을 채우는 과정에서 행복을 얻을 수 있을 것 같다는 생각이 들었다. 그렇게 보면 저축이야말로 결핍을 채우고 행복을 얻을 수 있는 방법이었다.

강제 저축, 일단 해보자

직업이 재무 상담사라고 하면 이런 질문을 많이 받습니다.

"부자들을 많이 만나보셨겠네요? 어떻게 하면 부자가 될 수 있을까요?"

재무 상담가라면 특별한 재테크 기술이나 기발한 투자 방법을 알고 있을 것이라는 기대감을 갖고 물어보는 것이죠. 전 항상 이렇게 대답합니다.

"요행을 바라지 않고 꾸준하게 저축하고 투자해서 자산을 관리하는 사람들이 부자가 됩니다."

대답을 들은 사람들은 하나같이 실망한 표정을 짓곤 합니다. 그리고 다시 물어보죠.

"그건 저도 알아요. 그것 말고 다른 방법은 없나요?"

이럴 땐 다시 한 번 강조해서 대답해줍니다.

"덜 쓰고 많이 모으는 좋은 습관이 소득도 이기는 법이랍니다!"

요즘은 돈을 모으고 싶어도 수익이 적어 도저히 모을 수 없다고 앓는 소리를 하는 사람이 많습니다. 물론 틀린 말은 아닙니다. 자고 일어나면 올라 있는 무서운 물가에 비해 우리의 연봉, 소득은 잘 오르지 않죠. 졸라맨 허리띠를 더 바싹 졸라매는 것은 쉬운 일이 아닙니다.

그런데 우리의 마인드를 다시 한 번 점검해볼 필요도 있지 않을까요? 많은 사람이 자신의 소득이 미래까지 결정지을 것이라고 생각하고 우울해 합니다. 누구나 재무 목표를 이루고 싶어 하지만 그런 노력을 방해하는 환경 때문에 실패하고 자신을 합리화하려고 하죠.

'몇 달 저축 안 한다고 얼마나 큰 차이가 있겠어?'

이런 생각을 자주 하고 있지는 않나요? 이것이 바로 심리학에서 말하는 '자기 통제의 오류'입니다. 목돈을 만드는 것은 미래를 위한 일이지만 사고 싶은 것을 사지 못하고, 먹고 싶은 것을 먹지 못하는 고통은 지금의 일인 만큼 당장 욕구가 생길 때 합리화하는 것이죠.

만약 맞벌이를 하며 열심히 돈을 모으고 있는 것 같은데, 막상 모인 돈이 많지 않은 사람들은 체감하지 못하는 지출이 없는지 따져봐야 합니다. 월별 고정 지출, 연간 비정기 지출, 월별 변동 지출 등을 자세히 파악해보는 것이 중요합니다. 이 지출 내역을 열거한 뒤 하나씩 지워나가는 식의 지출 통제가 필요하죠. 여기에 저축을 최우선으로 하고 소비하는 습관을 기르면 이런 현상을 극복할 수 있습니다.

이 부분에 대해 더 자세히 알아봅시다. 저는 규칙과 보상, 이 두 가지를 활용할 것을 권합니다. 여기서 말하는 규칙 중에서 가장 중요한 것은 바로 '강제 저축'입니다. 강제 저축을 위해서는 구체적인 규칙이 필요합니다. 저축을 하기에 앞서 매월 저축액 목표를 정하세요. '수입의 몇 퍼센트'처럼 단순하고 구체적인 목표가 좋습니다.

그런 다음 앞서 제시한 네 개의 통장으로 수입을 관리하면 규칙을 더 잘 지킬 수 있습니다. 예금이나 펀드 등 금융 상품으로 빠져나가게끔 하는 통장을 따로 두는 거죠. 그러면 저축하기 전에 먼저 돈을 찾아 써버릴 위험을 줄일 수 있습니다. 강제성을 더 높이려면 연금저축이나 저축성 보험처럼 세제 혜택이 있고 해지할 때 불이익이 있는 금융 상품을 선택하는 것도 한 방법입니다.

이렇게 규칙을 충실히 지킨다면 보상이 따라야 합니다. 연말에 통장을 꺼내 모인 목돈을 확인해보세요. 마음의 위안으로 보상을 받으면 중도에 포기하고 싶은 유혹을 줄일 수 있습니다. 재무 목표를 성공적으로 달성했을 때 작은 파티를 하는 것도 보상의 효과를 누릴 수 있는 좋은 방법입니다.

1. 단기 자금: 1~3년이면 모을 수 있는 돈을 말한다. 결혼 자금, 자동차 구입 같은 이벤트를 완수하는 데 적합하다.

1~3년 정도 짧은 기간 내에 목적 자금을 달성하기 위해서는 이율이 낮아도 안정적으로 목돈을 만드는 것이 중요하다. 원금 손실이 발생할 경우, 목표와 기간을 다시 조정해야 하는 상황이 발생한다. 그러므로 정기 적금과 정기 예금을 활용하는 것이 좋다. 정기 적금은 목돈을 만들기 위한 수단으로, 정기 예금은 목돈을 늘리기 위한 수단으로 이용해야 한다.

금융 상품에 가입할 때 이자가 높은 금융 회사를 선택하는 것이 좋다. 하지만 단기 자금은 이자를 많이 받는 것이 아니라 목돈을 빨리 모으는 작업이다. 이자보다는 돈을 제대로 모을 수 있는 습관을 확립하는 것이 더 중요하다. 조금이나마 이자를 더 받고 싶다면 기관별로 이자가 다르니, 비교해서 저축하는 습관을 길러라. 금리를 비교하는 노력을 조금만 기울여도 이자 수익률이 올라간다.

2. 중기 자금과 장기 자금: 중기 자금은 자금을 마련하는 데 걸리는 기간이 3년 이상, 10년 이하다. 그래서 교육비와 내 집 마련과 같은 이벤트를 달성하기에 적합하다. 장기 자금은 적어도 10년 이상은 공을 들여야 하므로 노후 자금을 마련하기에 적합하다.

중기, 장기 자금을 만들려면 안정성보다는 적절한 수익성이 보장되는 금융 상품을 선택해야 한다. 기간이 길어질수록 물가상승률을 따지지 않을 수 없기 때문이다. 오랜 기간 준비해야 하는 아이들의 교육비와 결혼 자금, 부부의 노후 자금을 안정적인 적금이나 금리연동형 상품으로 준비했다가는 물가상승률을 극복할 수 없다. 기껏 준비했지만 그때 가서 보면 금액이 턱없이 부족할 수도 있다. 그래서 수익성을 따져야 한다.

덧붙여, 직접투자보다는 간접투자를 권한다. 직접투자의 장점은 높은 수익을 기대할 수 있다는 것이고, 단점은 그 분야의 지식과 정보가 필요하다는 것이다. 간접투자의 장점은 전문가의 운용으로 신경을 많이 쓰지 않아도 된다는 것이고, 단점은 투자하는 기업, 전문가에게 운용 수수료를 지불해야한다는 것이다.

끝으로 거치식 투자보다는 적립식 투자가 좋다. 거치식은 목돈을 이용하여한 번에 투자하는 방법이고, 적립식은 정해진 금액을 정기적으로 투자하는방법이다. 우리나라와 같이 주가 변동이 큰 시장에서의 대안은 바로 적립식투자다. 단가를 낮추어 주가가 올랐을 때 이익을 볼 수 있는 이른바 코스트에버리지 효과(Cost Average Effect)를 기대할 수 있기 때문이다.

목적 자금 마련 노하우

목적 자금 마련		
기간	목적	투자 성향
단기(3년 이내)	결혼 자금, 자동차 구입 비용	안정형
중기(3~10년 이내)	주택 마련, 교육비 마련	중립형
장기(10년 이상)	노후 자금, 자녀 결혼 비용	공격형

기혼 가정
재테크의 핵심

'고정 지출을 줄일 수 없을까?'

요즘 아라의 머릿속에 가득한 단어는 힐링도, 카드값도 아니었다. 머니 닥터를 만난 뒤 아라는 계속해서 재무 관리에 대해 생각했다. 그중에서도 고정 지출을 줄이는 방법!

머니 닥터의 조언대로 한 달 지출을 꼼꼼히 따져보니 매달 지속적으로 나가는 돈의 흐름이 보였다. 그것이 바로 고정 지출이다. 반면 들쭉날쭉하게 돈이 나가는 지출은 변동 지출이다.

아라가 고정 지출을 줄이려는 이유는 고정 지출이 변동 지출보다 줄이기 힘들다고 판단했기 때문이다. 그래도 줄일 수만 있다면 효과가 크지 않을까? 그런 이유로 아라는 교통비 줄이기에 도전했다. 아라는 출근하려는 남편에게 카드를 내밀었다.

"오늘부터 후불 교통카드 말고 이걸 써."

"이게 뭐야?"

"지하철 정기권이야."

아라가 공부한 바에 의하면 우리나라 가구당 교통비는 매월 약 22만 원이다. 이는 가구당 지출 순위에서 네 번째다. 후불제 교통카드 대신 지하철 정기권을 쓰면 정해진 기간 동안, 정해진 횟수만큼 쓸 수 있다. 지하철을 많이 이용하는 아라의 남편에게는 교통카드보다 훨씬 유리했다.

"이런 건 어떻게 알았대?"

"그리고 당신, 휴대폰 바꾼다고 그랬지?"

아라가 교통비 다음으로 줄여보고자 마음먹은 것은 바로 통신비였다. 초등학생부터 칠순 노인까지 쓰는 휴대폰 때문에 가계 지출에서 통신비가 차지하는 비중이 만만치 않다.

고민에 빠진 아라의 눈에 알뜰폰이 들어왔다. 알뜰폰은 기존 이동통신 3사의 네트워크망을 빌려 쓰기 때문에 기존 통신사들에 비해 요금이 저렴하다. 통신망 설치를 위한 투자나 네트워크 관리 비용이 없기 때문이다.

"알뜰폰을 쓰면 일반 통신사보다 2~3만 원 저렴한 돈으로 비슷한 요금제를 이용할 수 있대. 통화 품질도 큰 차이가 없다고 하더라고."

아라의 달라진 모습에 남편은 조금 놀란 눈치였다.

"그래? 차이가 많이 나네. 그럼 알뜰폰으로 알아보지 뭐."

남편은 현관을 나서다가 뒤돌아 아라를 바라보며 이렇게 말했다.

"여보, 고마워. 앞으로 잘할게."

"그래, 우리 잘하자. 늦겠다! 어서 빨리 가."

혼자 아침 식사를 마친 아라는 아기와 함께 외출 준비를 했다. 아라는 평소에도 집에 있는 것이 답답할 때마다 외출을 하곤 했다. 그때마다 주로 집 근처 카페, 쇼핑몰, 백화점을 빙빙 돌며 시간을 보냈다. 그런데 오늘 목적지는 평소와 달랐다. 아라가 찾아간 곳은 바로 은행!

'대출 이자도 정말 깎을 수 있을까?'

아라는 시장에서 가격 흥정을 하듯 은행을 상대로 대출 이자를 깎을 수 있다는 말을 듣고 방법을 연구했다. 머니 닥터는 대출 이자를 깎기 위해서는 대출금리인하권을 이용해야 한다고 조언해주었다.

"대출금리인하권이란 대출을 받았을 당시보다 신용 상태가 좋아진 대출자가 금융 회사에 대출 금리를 내려달라고 요구할 수 있는 권리를 말해요. 무턱대고 신청한다고 해서

들어주는 것은 아니고요. 조건이 있어요."

그 조건은 국가고시 합격, 취업, 승진, 급여 인상, 은행 우수 고객 선정, 이직 등이었다. 마침 아라의 남편은 얼마 전에 승진을 했고, 급여도 조금 인상됐다. 그런데 은행 직원의 말은 아라가 알아본 것과 달랐다.

"승진도 하시고 월급이 오르긴 했는데요. 그렇다고 해서 무조건 금리가 인하되진 않습니다. 급여 인상이 신용 등급에 영향을 줄 수 있어야 해요."

"그럼 갈아탈 만한 대출 상품은 없을까요?"

아라는 머니 닥터로부터 대출금리인하권을 이용할 수 없다면, 대출 상품을 갈아타라는 조언을 들었다. 초저금리 시대가 계속되면서 낮은 금리로 대출을 갈아타려는 사람이 많았다. 이때 가장 중요한 것은 중도 상환 수수료였다.

"중도 상환 수수료가 남은 대출 기간의 이자보다 적을 때는 대출 이자를 갚을 필요가 없다고 하던데요?"

"맞습니다. 고객님의 경우 대출을 받은 지 3년이 지나서 중도 상환 수수료가 발생하지 않아요. 대출 상품을 갈아타시는 게 좋을 것 같습니다."

아라는 은행 직원의 설명을 듣고 신규 대출 금리를 고정 금리로 할지, 변동 금리로 할지 고민에 빠졌다.

가족 모두 힘을 합치자

부부와 자녀로 이루어진 기혼 가정은 나름의 재무 관리 원칙이 있습니다. 대표적인 원칙을 꼽아보면 다음과 같습니다.

1. 저축을 먼저 한 뒤 지출을 하라.
2. 위험에 대비하여 보장성 보험에 꼭 가입하라.
3. 노후 준비를 위한 노후 자금 마련은 선택이 아닌 필수다.
4. 부채와 신용 관리를 꾸준히 하라.
5. 통장을 나눠서 관리하고 분산투자를 시도하라.
6. 자녀의 교육비는 계획을 실천해서 마련하라.

이렇게 기혼 가정은 자신들만의 재무 관리 원칙에 따라 전략을 세워야 합니다. 여기에 재무 관리의 핵심이라고 할 수 있는 것이 있는데요. 바로 '돈에 대한 인내심'입니다.

한때 1988년을 배경으로 한 TV 드라마가 인기를 끈 적이 있죠. 그때는 지금처럼 일자리 걱정도, 주식이나 펀드 투자를 고민할 필요도 없는 좋은 세상이었습니다. 은행에 저축을 해놓기만 하면 이자를 두둑하게 불릴 수 있었죠. 1990년대까지만 해도 저축하는 재미가 좋았습니다. 금리가 연 9.5%였던 적도 있습니다.

불과 20년이 흐른 지금은 그때와 달라도 너무 다릅니다. 저금리 시대가 오래 지속되면서 저축해도 소용없다고 생각하는 사람들에게 어필하기 위해 금융 회사들이 앞다퉈 변동 금리 상품을 내놓고 있는 실정입니다. 수익률을 가정해서 최저 보증을 약속하는 상품도 쏟아지고 있죠.

이런 상품에 장기간 투자하면 현행 금리보다 높은 투자 수익률을 얻을 수 있을 것 같습니다. 하지만 그들이 말하는 수익률은 어디까지나 그렇다고 가정한 것일 뿐입니다. 변동성이 완전히 보장된다고 믿으면 안 된다고 봐야 하죠. 특히 저축을 잘 하지 못하는 가정이라면 변동 금리 상품보다 확정 금리 상품에 가입하는 게 바람직합니다.

"확정 금리 상품에 가입하세요. 자동 이체 걸어두는 것 잊지 마시고요."

이렇게 권유하면 많은 사람이 이자가 너무 적다고 불만을 표합니다. 안전하면서도 수익이 높은 상품을 원하는 사람이 부지기수입니다. 이런 분들은 주위에서 아무리 좋은 상품을 추천해줘도 본인의 의지, 실천 능력이 없기 때문에 목돈을 모을 수도, 부자가 될 수도 없습니다.

기혼 가정은 특히 소비할 일이 많고 생각하지도 못한 지출이 발생하기 쉽습니다. 이런 환경일수록 더욱더 인내심을 가져야 합니다. 당장 써버리고 싶은 마음, 당장 돈으로 해결하고 싶은 마음에 휘둘리지 말고 인내심을 갖고 저축과 투자를 유지하세요.

다음으로 기혼 가정의 재무 관리에 있어서 중요한 것은 비상 자금입니다. 실제로 기혼 가정은 변동 지출 관리에 실패하는 경우가 다반사입니다. 예를 들어 갑자기 부모님 병원비로 목돈이 필요한 일이 발생하거나 지인의 경조사를 챙기다 보면 계획보다 더 많은 지출이 생길 수도 있습니다.

이런 일에 대비하여 비상 자금 통장을 만들어야 합니다. 쉽게 말해 고정 생활비는 생활비 통장에서 충당하고, 축의금 등 예측하기 어려운 비용은 비상 자금 통장에서 충당하는 식입니다. 그렇다면 비상 자금 통장에는 어느 정도의 여유 자금이 있는 것이 좋을까요? 월급이 들어오지 않아도 3~6개월 정도는 버틸 수 있는 금액이 가장 이상적입니다.

끝으로 비상 자금과 관련해서 부부간의 돈 관리에 관해 짚어볼까요? 부부간의 돈 관리는 투명해야 하며 배우자 몰래 돈을 숨기는 것을 배신이라고 생각하는 사람이 많습니다. 하지만 꼭 그런 것만은 아닙니다. 특히 아라처럼 여성인 경우에는 비자금이 필요합니다. 배신이라는 말은 결과가 나쁠 때 쓰는 것 아닐까요? 때로는 비자금이 우리 가정의 구세주가 되기도 합니다. 은밀하게 모아 현명하게 쓴다면 문제 될 것이 없습니다.

대부분의 비자금은 말 그대로 비상금이니까요. 나 혼자 잘 먹고 잘 살고자 모아둔 이기적인 돈이 아니라 비상시에 쓰기 위한 돈이라고 봐야 합니다. 딴 주머니를 찬다는 것은 결국 불안감이 반영된 표현입니다. 딴 주머니를 찰 정도로 충족되지 않은 욕구가 있었다는 것을 헤아려주고 서로에게 믿음을 주려고 노력하면 어떨까요? 동시에 돈을 쉽게 쓰거나 배우자가 쓰는 돈에 너무 인색하지 않았는지 반성해볼 필요도 있습니다.

1. 편지 쓰기

미래를 대비하기 위한 목적으로 몰래 딴 주머니를 찼다면 배우자에게 딴 주머니를 들켰을 때 건네줄 편지를 미리 써놓자. 나쁜 의도가 있는 딴 주머니가 아니라는 점을 충분히 이해시키면 부부 싸움으로 번지는 일이 없을 것이다.

2. 배우자에게 베풀기

정해진 용돈 외에 약간의 보너스를 주거나, 배우자가 평소에 갖고 싶어 했던 것을 사게끔 허락하는 등의 베풂을 실천하자. 평상시에 인색하게 굴면 비자금이 발각되었을 때 후폭풍이 클 수밖에 없다. '나한테는 그렇게 해놓고 따로 돈을 모아?'라는 생각을 하지 않게 미리 베푸는 현명함이 필요하다.

3. 용도 정확히 하기

급할 때 쓰기 위한 비자금이라지만, 용도가 이기적이어서는 안 된다. '우리' 가정이나 '우리' 아이에게 쓰는 것은 괜찮지만 시댁이나 친정 식구, 친구에게 돈을 쓴다면 이야기가 달라진다.

4. 금액 조절하기

약간의 비자금을 갖고 있는 것은 좋지만 금액이 너무 크면 문제가 된다. 가정 경제의 규모에 맞게 일정 금액을 넘지 않도록 비자금을 굴리되, 많아지면 꺼내 다른 용도 통장으로 옮기고, 적어지면 다시 모으는 식으로 현명하게 운용해야 한다.

02 ──────────── 수리 story

싱글 욜로족의
비밀

빛 좋은
골드 미스

'아라야, 너 대출받은 거 5백만 원이랬지? 네 계좌로 보냈으니까 얼른 해결하고 제부한테 미안하다고 해.'

아라는 언니의 카톡 메시지를 읽고 미안함과 고마움에 얼른 답을 하지 못했다.

'언니, 괜찮아. 변액보험 해지한 돈으로 해결했어.'

'나한테 부탁하지. 천천히 갚아도 됐는데.'

'아니야. 우리 힘으로 해결해야지. 그리고 변액보험은 어차피 해지해야 했어. 너무 고맙고 미안해, 언니.'

'다시는 대출 같은 거 받지 마. 알았어?'

주리는 예전부터 돈가네의 든든한 버팀목 같은 존재였다. 식구들에게 무슨 일이 생기거나, 집안에 갑자기 목돈이 필요하면 모두가 주리부터 찾았다. 주리는 언제나 싫은 내색 없이 돈을 척척 빌려주었다. 주리 덕에 돈가네가 위기를 넘긴 게 한두 번 아니었다.

'만약 주리가 없었다면 돈이 급할 때 어떻게 했을까?'

가족들이 이렇게 생각하는 것도 무리가 아니었다.

주리는 소위 말하는 '골드 미스'였다. 프리랜서 통역사로 일하는 주리는 능력이 뛰어나 여기저기에서 찾는 사람이 많았다. 30대 후반이 되니 노하우가 많이 쌓여 업계에서는 베테랑 통역사로 통했다. 수입도 넉넉하고 싱글이라 얽매이는 것도 없으니 자유롭게 생활하는 것이 가능했다. 동생들은 그런 주리를 부러워했다. 특히 아라는 결혼 생활이 마음대로 되지 않을 때마다 언니를 보며 이렇게 생각했다.

'나도 언니처럼 혼자 힘으로 살면서 자기계발이나 마음껏 할 걸……'

주리가 하는 자기계발이란 거의 취미 생활이었다. 주리는 생활에 활기를 주기 위해 필라테스를 배우러 다녔고, 외국어에 관심이 많아 어학 학원도 많이 다녔다. 그리고 요리, 가죽 공예 같은 것도 배우러 다녔다. 주리는 특히나 여행을 좋아했다. 대학생 때부터 여행에 심취한 주리는 유럽, 미국, 동남아시아, 남미 등 안 가본 곳이 없었다. 세계 곳곳을 여행하며 생긴 여행 스킬과 찍어둔 사진을 모아 여행 책을 출간한 적도 있다.

주리는 아라에게 돈을 이체하고 난 다음에도 여행 사이트를 살펴보았다.

'어디 땡처리로 싸게 나온 티켓 없나?'

주리는 보통 일 년에 세 번 이상은 해외에 나갔는데, 최근엔 통 여행을 가지 못해 몸이 근질거렸다. 지출이 신경 쓰이지 않는 것은 아니었다. 하지만 얼른 자기합리화를 시도했다.

'가까운 일본이나 동남아로 가지 뭐. 계속 집에서 일만 하니까 너무 답답해서 안 되겠어.'

하지만 딱히 가고 싶은 곳이 없었다. 주리는 여행 사이트를 닫고, 이번에는 명품을 거래하는 사이트에 접속했다.

'여행 못 가면, 그 돈으로 뭐 하나 살까?'

고소득 싱글들이 모두 그렇듯 주리도 쇼핑을 너무 사랑했다. 명품을 사서 사람들에게 과시하고 싶다기보다 그냥 사는 행위 자체가 주는 만족감이 컸다. 그런 재미조차 누릴 수 없다고 생각하면 뭐 하러 힘들게 돈을 벌며 살아야 하는지 모를 정도였다. 한참 쇼핑 삼매경에 빠져 있는데, 병원에서 전화가 왔다.

"돈주리 씨, 검사 결과 나왔으니 내원하세요."

얼마 전에 받은 대장내시경 검사가 나왔다는 전화에 병원을 찾은 주리는 뜻밖의 말을 들었다. 의사는 큰 이상은 없지만 대장에 용종이 있어 제거하는 수술을 받아야 한다고 했다. 주리는 가족 중 누구에게 연락을 해야 할지 고민에 빠졌다.

"부모님은 말해봤자 걱정만 하실 텐데…… 아, 어쩌지?"

주리는 하는 수 없이 혼자 수술을 받고 나중에야 아라에게 전화를 걸어 상황을 알렸다. 퇴원하는 날만큼은 누군가가 함께해주었으면 하는 생각 때문이었다. 아라는 한걸음에 달려왔다.

"언니! 수술까지 해놓고 이제 말하면 어떡해!"

"야, 큰 병도 아닌데 뭐. 아무튼 너 부모님께는 비밀이다."

그렇게 주리는 아라에게 약속을 받아냈다. 아라는 주리를 대신해 퇴원 절차를 밟았다. 병원비를 정산하고 온 아라가 주리에게 말했다.

"언니, 병원비 다 보험 청구할 거지?"

"응?"

"보험 가입해놓은 거 있을 거 아냐."

"보험? 그런 거 없는데……."

"뭐라고? 보험이 하나도 없어? 큰 병에라도 걸리면 어쩌려고?"

아라는 깜짝 놀랐다. 평소에도 언니가 철딱서니 없고, 금전 개념이 없다는 것은 잘 알고 있었지만 이 정도일 줄은 몰랐다.

사실 주리도 주변에서 끊임없이 보험에 가입하라는 권유를 받아왔다. 하지만 그때마다 귀찮아서 나 몰라라 했다.

　"지금 당장이 아니라 미래를 위해 준비하셔야 해요."

　"전 지금 당장 즐겁게 사는 게 좋아요."

　"그럼 미래를 위해 아무 준비도 하지 않으세요?"

　"딱히 하고 있는 건 없는데……."

　"적금은 있어요?"

　"아니요."

　주리의 단호함에 보험 설계사들은 금세 나가떨어지곤 했다. 아라는 아무리 가족이지만 그동안 이렇게 대책 없는 언니에게 돈을 빌린 게 너무 미안하고 속상했다.

　"언니! 언니 진짜 안 되겠다."

　"왜?"

　"계속 그렇게 살 거야? 계속 청춘일 줄 알아? 이제 그렇게 돈 쓰지 마!"

　"아니, 돈을 안 쓰고 어떻게 살아?"

　"진짜 말로 해선 안 되겠네. 언니, 나랑 같이 가자!"

　"어디를?"

　"머니 닥터한테!"

대세는 욜로! 뭐가 문제일까?

'불투명한 미래를 위해 지금의 행복을 희생하기보다 후회 없이 즐기고, 사랑하고, 배우자!'

2030세대 사이에서 욜로(YOLO)가 대세로 자리 잡은 것은 지금 이 순간을 즐긴다는 구호가 매력적이기 때문일 것입니다. 언뜻 보면 현재에 충실한 삶의 한 방식인 것 같은 욜로. 그런데 이는 좋은 점도 있지만 부작용도 있다고 합니다. 대체 왜! 문제가 되는 걸까요?

사실 각종 미디어가 욜로를 자꾸만 노출시키는 것은 이것이 소비로 이어지기 때문입니다. 라이프 스타일로서의 욜로는 충동적이고 소비지향적인 성향을 의미하는 것이 아니지만 기업은 이를 적극적으로 활용하고 있죠. 충동적인 소비를 부채질하는 '텅장'이니, '탕진잼'이니 하는 단어를 들어보셨죠? 전부 그런 맥락입니다.

실제로 영국의 대출 업체가 2017년에 18~30세 욜로족 1

천 명에게 저축과 투자 여부를 묻는 질문을 했습니다. 이 중 60%가 '미래를 생각하지 않고 버는 돈을 모두 쓴다'라고 답했습니다. '현재를 즐기자'라는 욜로가 '미래를 위한 저축이나 투자보다 소비하고 싶은 욕망에 충실하자'라는 의미로 변질된 것이죠.

게다가 요즘은 결혼 적령기가 늦어지고 만혼이 대세가 되면서 1인 가구 수가 늘고 있습니다. 우리나라의 1인 가구 비중은 2018년 기준, 전체 가구 수의 28%로, 가구원 수 구성 중 가장 높은 비중을 차지한다고 합니다. 주리와 같은 싱글족들이 라이프 스타일의 일환으로 욜로를 적극적으로 받아들이고 있는 셈이죠. 구속받지 않고 자유로운 라이프 스타일을 고수하는 것이 싱글 생활의 장점이긴 하지만 이들 중 대다수가 앞날을 대비하는 일에 무관심하다는 것은 큰 문제가 아닐 수 없습니다.

실제로 주리와 같은 싱글 여성은 여행, 공연, 출판계의 최고 소비층입니다. 이를 좀 더 적나라하게 표현하면 싱글 여성은 기업의 봉이라는 것이죠. 싱글 여성은 부양가족이 없고, 육아비 등 고정 지출이 적어 소비 규모가 커지기 쉽습니다. 자연히 저축률은 떨어질 수밖에 없겠죠. '나는 자유로운 싱글이니 골치 아픈 생각은 하기 싫어', '지출이 많지 않으니 돈에 쪼들릴 일이 없을 거야'라고 생각하고 있다면 이렇게도 생각해봐야 합니다.

'나에게도 정년은 찾아오고, 돈의 가치는 계속해서 떨어질 거야.'

지금의 저금리 기조는 계속될 것입니다. 이를 쉽게 설명하기 위해 미국, 일본, 유럽과 같은 선진국의 예를 들어보겠습니다. 선진국의 금리는 대부분 0.3~0.35%입니다. 독일의 경우 얼마 전에 금리가 마이너스로 떨어졌습니다. 우리나라도 분명 계속해서 금리가 떨어질 것이고, 반면에 물가는 계속 치솟을 것입니다. 금리가 낮아지면 어떻게 될까요? 우리가 모아둔 돈의 가치 역시 계속 낮아지게 됩니다.

거기에 사회 분위기도 생각해야 합니다. 저출산 시대를 맞아 정부의 정책은 가족 단위에 초점이 맞춰지고 있습니다. 싱글에게는 상대적인 불이익이 돌아가는 셈이죠. 소득세 공제 체제가 변경됨에 따라 싱글족의 경우, 4인 가구에 비해 소득세를 연간 75만 원에서 120만 원가량 더 내야 한다는 사실, 알고 계십니까?

세금뿐만이 아닙니다. 싱글에게는 아파트 청약도 그림의 떡입니다. 신혼부부에게는 주택청약 특별공급제도까지 마련해주지만 싱글은 주택청약 자격 순위도 최하위입니다. 이런 상황에서 더 이상 소득이 발생하지 않는다면 어떨까요? 앞으로 살아갈 날들이 캄캄하지 않겠습니까?

그래서 앞날을 대비하기 위해 재무 설계가 반드시 필요한 것입니다. '시작이 반이다'라는 말처럼 일단 시작하는 것이 중요합니다. 우선 자신의 목표를 정확하게 설정하고, 그 목표를 이루기 위한 기간, 투자 방법을 고민하며 구체적으로 계획을 짜야 합니다. 그래야 자신의 성향에 맞게 투자 방향도 설정할 수 있습니다.

그런데 이 모든 것은 말로는 쉽지만 막상 실천하려고 하면 쉽지 않습니다. 재테크 초보인 싱글에게 무엇보다 필요한 사람은 자신의 현재 자산과 목표를 체계적으로 잡아주고 리스크 관리를 지속적으로 해줄 전문가입니다. 혼자서 문제를 해결하기 어려울 때는 전문가의 도움을 받아야 합니다.

싱글은 미래가 불투명하고, 위험 상황에서도 도움을 줄 수 있는 가족이라는 울타리가 없어 재테크가 절실합니다. 재무 목표를 거창하게 잡기보다 작더라도 빨리 이룰 수 있는 목표를 잡아 성취감을 자주 느끼는 전략이 효과적입니다. 저와 함께 싱글 생활의 자유와 즐거움은 물론, 앞날을 준비해두는 안정감까지 챙길 준비가 되었나요? 두 마리 토끼를 모두 잡기 위해 함께 노력해봅시다.

재무 목표가 없어
슬픈 싱글이여!

"목표가 있어야 멀리 갈 수 있어요. 목표부터 잡으세요."

주리는 틈만 나면 머니 닥터의 말을 떠올렸다.

'뭐를 목표로 정하지?'

다음 상담 때 머니 닥터에게 그럴싸한 목표를 세웠다고 자신 있게 말하고 싶었지만 딱히 떠오르는 것이 없었다. 지금까지 주리의 목표는 오직 돈을 쓰는 것이었다.

수입이 생기면 명품 사기, 분기에 한 번 해외여행 다녀오기, 연말이면 일 년 동안 수고한 자신에게 셀프 선물하기……

"언니는 그만큼 샀는데도, 아직도 지를 게 있어?"

모아는 주리의 집에 방문할 때마다 신기한 듯 물었다.

"야, 지를 게 왜 없어. 돈이 없어 못 지르는 거지."

"내 주변에도 사는 거 좋아하는 사람이 꽤 있는데, 언니가 짱이야. 언니보다 더한 사람은 없어."

주리는 모아가 짠순이라서 자신의 소비를 이해하지 못하는 것이라고 생각했다. 그런데 한편으로는 걱정이 되기도 했다.

'내가 정말 그렇게 심한가?'

주리가 이런 생각을 하게 된 건 얼마 전부터였다. 우연히 인터넷 기사를 보던 주리는 드라마와 영화에 조연으로 자주 등장했던 여배우가 고독사했다는 소식을 접했다. 여배우는 혼자 살던 강남의 한 오피스텔에서 사망한 지 2주 만에 발견되었다. 연예인이 사고나 병으로 세상을 떠나는 일이 드물지는 않았지만, 그 사건은 유난히 더 충격으로 다가왔다. 주리 역시 젊은 싱글녀였기 때문이다.

'연예인이면 돈도 꽤 벌고 주변에 친구도 많았을 텐데, 고독사라니······.'

사실 주리는 싱글 생활이 주는 자유를 만끽하면서도 가끔씩 마음이 무거워지는 것을 느꼈다. 한 살, 한 살 나이가 들수록 마음의 무거움은 더 자주, 더 묵직하게 찾아왔다.

'지금부터라도 돈을 좀 아껴야 할까? 언제까지 지금처럼 벌 수 있을지도 모르고······.'

'이제라도 결혼 상대를 찾아볼까? 근데 이 나이에 노후가 불안해서 결혼하는 건 좀 아니지.'

주리는 늙고 병들었을 때를 떠올리거나 노후 준비에 대해 생각하면 마음이 심란해지는 게 싫었다. 뾰족한 방법도 떠오르지 않아 의식적으로 그런 생각을 피해왔다. 하지만 머니 닥터의 말대로 더 이상 미룰 일이 아닌 것은 확실했다.

주리는 용기를 내 자신의 미래와 마주하기로 결심했다. 가만히 앉아 앞날을 곰곰이 생각하고 재무 목표를 정하기 위해 혼자만의 시간을 가졌다. 고독사한 여배우에 대해 생각해보니 집이 제일 큰 문제인 것 같았다.

'나이 들어서도 도심 한복판에 있는 오피스텔에 사는 건 별로야. 작은 평수라도 아파트 같은 곳에 살면서 주위 사람들과 친하게 지내면 좋지 않을까?'

주거에 대한 고민이 꼬리에 꼬리를 물고 이어졌다. 주리는 결국 가급적이면 서울에, 서울 집값이 너무 비싸다면 경기도에 있는 작은 아파트를 한 채 구입해 내 집 마련을 하는 것을 목표로 잡았다. 하지만 그러기 위해 얼마를 몇 년 동안 모아야 하는지는 막연하기만 했다. 지르는 것은 좋아하지만, 부동산 시세에는 어두운 주리였다.

'그래도 목표를 정한 게 어디야?'

주리는 다음 목표도 생각했다. 여배우의 죽음이 평소 지병 때문이었다는 게 떠올랐다.

'그래! 혼자 살면서 아프면 큰일이지. 의료비, 간병비를 하루라도 빨리 모아놔야 해.'

주리는 다이어리에 '내 집 마련', 의료비·간병비 준비'라고 적었다. 미뤄놨던 숙제를 해낸 것 같아 주리는 마음이 뿌듯했다.

싱글일수록 뚜렷한 재무 목표가 필요하다

많은 사람이 싱글은 돈을 많이 모을 수 있을 거라고 생각합니다. 결혼이나 자녀 교육 등에서 자유로우니까요. 틀린 말은 아닙니다. 하지만 싱글이라고 해서 무조건 돈을 많이 모을 수 있는 건 아닙니다. 소비가 적은 것도 아니고요.

오히려 싱글이 걸리기 쉬운 덫이 있는데요. 그것은 바로 '자기만족'이라는 명목으로 돈을 흥청망청 쓰는 것입니다. 남들보다 재미있게, 자유롭게 살다가 아무 준비 없이 노후를 맞으면 위험에 빠질 수밖에 없습니다. 따라서 혼자서도 아니, 혼자이기 때문에 더욱더 재무 관리가 필요합니다. 여배우가 고독사했다는 기사를 보고 불안감을 느낀 주리의 마음이 수많은 싱글의 마음이 아닐까요?

그런데 여기서 희소식을 하나 알려드리겠습니다. 1인 가구는 1인 가구만의 장점이 있습니다. 식비, 교통비, 교육비, 의료비 등 고정 지출이 적다는 점입니다. 고정 지출이 적으면 저축하는 것이 훨씬 수월하죠. 1인 가구도 소득의 50% 이상은 저축해야 합니다. 갑자기 목돈이 필요할 때, 갑자기 실직했을 때, 갑자기 병이 났을 때 모아둔 돈이 없는 싱글은 대처할 방법이 없습니다. 이게 냉정한 현실입니다.

여기에 주리처럼 소비, 자기계발 등에 과도한 금액을 투자하는 싱글이 많습니다. 소비를 통제할 이유나 막아줄 사람이 없다는 것은 싱글의 재무 관리에 있어 가장 큰 단점입니다. 다양한 직종의 싱글들과 상담을 해본 결과, 저축을 충분히 할 수 있는 여건임에도 하나같이 저축에 대한 관심이 턱없이 부족했습니다.

이런 싱글들에게 가장 필요한 것은 바로 '뚜렷한 재무 목표'입니다. 사실 목표는 재무 관리는 물론 삶 전반에 중요한 영향을 미칩니다. 목표가 없으면 제아무리 쉬운 일이라도 성취하기 어렵습니다. 반면 목표가 있으면 어렵고 힘들어도 끊임없이 도전할 수 있죠. 물론 목표한 것을 다 이루기 힘든 것이 인생입니다. 하지만 앞날을 알 수 없고 힘든 게 인생이기에 목표가 더 중요하지 않을까요? 힘든 인생에서 목표마저 없으면 어떻게 될까요? 그래서 재무 관리를 잘하고 싶은 싱글에게 목표부터 세우라고 하는 것입니다.

주택 자금이면 주택 자금, 여행 자금이면 여행 자금이라고 목표를 뚜렷하게 정해놓고 그에 맞게 자금을 관리해야 합니다. 재테크 경험이 없는 싱글이라면 갑자기 무리해서 저축을 많이 하기 어렵습니다. 일단 1, 2년 만기를 설정할 수 있는 단기 저축 상품을 통해 저축에 대한 흥미와 재미를 알아가는 것이 좋습니다. 당장 계획적인 소비와 지출이 힘들다면 미리 정한 금액을 적금 통장에 자동 이체시키는 방법을 활용하는 것이 좋습니다.

저축 계획을 세울 때는 연령에 따르는 것이 좋습니다. 연령대별로 저축의 목적을 설정하고 그에 맞는 저축 상품을 고르는 것이죠. 많은 40대가 주리처럼 내 집 마련의 필요성을 느낍니다. 하지만 집을 마련하기 위한 자금은 장기적으로 준비해야 합니다. 10년 이상 투자를 해야 하므로 적어도 30대일 때 미리 시작하는 것이 좋습니다.

40대에 접어들면 보험에 관심을 가져야 합니다. 싱글은 아프거나 사고를 당했을 때 금전적으로 도움을 받을 사람이 많지 않습니다. 건강상의 문제로 일을 할 수 없는 최악의 상황에 대비해야 합니다. 현재 유지하고 있는 보험 상품을 살펴보고 보장이 부족하다면 보충을 하는 등의 재정비가 필요합니다.

그렇다면 싱글들은 보험 가입을 할 때 어떤 점을 참고해야 할까요? 먼저 사망 시 보험료가 지급되는 생명보험은 싱글들에게 큰 메리트가 없습니다. 그보다 현재의 건강과 노후를 보장해주는 보장성 보험에 가입하는 것이 유리합니다. 암이나 뇌졸중 같은 중증 질환까지 보장받을 수 있어야 큰 병으로 인한 경제적 손실을 줄일 수 있습니다. 싱글에게도 의료실비보험은 필수입니다. 질병이나 상해를 입었을 때 실제 부담한 의료비를 모두 보장받을 수 있으니까요.

보험 가입과 설계를 할 때 주의할 점은 보장 내용이 중복되지 않는지, 보장 금액이 적정한지 확인해보는 것입니다. 과도한 보험료 지출을 조심해야 합니다. 보장성 보험은 소득의 5~8% 정도가 적절합니다.

사고와 질병, 갑작스러운 실직 등에 대비하기 위해 보험 말고도 여유 자금이 꼭 마련되어 있어야 합니다. 돈이 갑자기 필요해서 적금이나 보험을 해지해야 하는 상황에 처하면 어떨까요? 그만큼 허탈한 일도 없겠죠. 이를 방지하기 위해 최소 한 달 생활비의 3배 이상 수준으로 여유 자금을 준비해두는 것이 좋습니다.

'화려한 싱글'이라는 말로 싱글의 삶을 포장하려 하는 사람이 많은데, 정말 중요한 것은 실속입니다. 싱글도, 기혼 가정도 경제적으로 어려운 시대입니다. 어떤 형태의 가정이 살기에 더 유리한지는 알 수 없습니다. 자신만의 라이프 스타일에 맞는 재무 관리 방법을 적용해 실속 있게 잘 살면 되는 것 아닐까요? 당신의 싱글 라이프를 응원합니다!

싱글 재테크의
모든 것

　　20대 중반에 경제 활동을 시작한 주리는 지금껏 부모님께 손 한 번 벌리지 않고, 아니 오히려 집안의 대소사를 살뜰히 챙기며 열심히 살아왔다고 생각했는데, 정작 자신의 미래는 너무 등한시했다는 생각이 들면서 그 어느 때보다 고민이 많아졌다.

　　'내가 그렇게 철이 없었나? 다른 싱글들은 어떻게 살지?'

　　마침 주말에 여행 동호회 사람들과 모임이 있었다. 회원들은 모두 주리처럼 싱글 여성이었다. 사정이 비슷한 사람들이 모여 있으니 더 자주 만나게 되었고, 그 때문에 관계가 더 끈끈했다.

　　"싱글로서의 고민 같은 거 있어요? 난 요즘 고민이 많아요."

주리가 먼저 이야기를 시작하자 다들 한마디씩 거들었다.

"30대가 지나면 여자들은 두 부류로 나뉜다고 해요. 현재에 만족하면서 살거나 일에 확 매달리거나. 근데 대부분 현재에 만족하면서 재밌게 사는 걸 더 중요하게 생각하는 것같아요. 특별히 더 많은 월급을 받고 싶다거나 욕심을 내는 경우는 드물어요."

"아직도 우리나라에서 여자가 성공하려면 남자보다 몇 배는 더 노력해야 하는 것 같아. 스펙이 비슷하다는 전제하에 말이야."

"전 2, 3년 안에 결혼을 하고 싶어요. 성공하는 것도 쉽지 않은 것 같고, 하루라도 빨리 안정감을 찾고 싶어요. 근데 결혼도 잘해야겠다는 생각이 들어요. 친구들을 보면 결혼을 기점으로 생활이 엄청 달라지더라고요."

"그렇지. 결혼도 잘하는 게 중요해. 그런데 결혼해서도 일은 해야 할 것 같아."

"그럼요. 어떤 형태로든 일은 하긴 해야 해요. 그래서 지금 공인중개사 자격증과 세무 관련 자격증을 준비하고 있어요."

함께 여행 다닐 때는 알지 못한 회원들의 속마음을 들은 주리는 조금 놀랐다.

'모두 미래를 진지하게 생각하고 있구나.'

한참 생각에 빠져 있던 주리가 말했다.

"그래. 싱글로 살든, 결혼을 하든 여자한테 돈만큼 중요한 건 없어."

"에이, 여기서 언니가 제일 골드 미스잖아요."

"골드 미스는 무슨! 생각해보니까 난 너무 대책 없이 살았더라고."

"우리도 마찬가지예요. 특히 지금 2030세대는 돈 모으기가 너무 힘들어요. 옛날처럼 운이 좋아서 재산 모으는 일은 없다고 봐야 해요. 아무리 생각해봐도 내 몸값을 올리는 방법밖에 없는 것 같아요."

"그래. 하지만 일반 직장인은 몸값 올리는 것도 쉽지 않아. 나는 종잣돈을 마련하는 데는 주식이 최고라고 생각해. 부동산은 목돈이 필요한데, 주식은 적은 돈으로도 할 수 있으니까."

"그건 잘했을 때 말이죠. 전 주식으로 손해를 얼마나 봤는지 몰라요. 그때 너무 크게 회의감을 맛봐서 다시는 못하겠더라고요. 겁이 나기도 하고요."

"맞아. 주식에 손댔다가 손해 보면 다시는 쳐다보기도 싫지."

주리는 별로 할 말이 없어 회원들이 하는 이야기를 듣고

만 있었다. 언뜻 들으면 모아가 평소 했던 이야기와 비슷한 것 같기도 했다.

'모아가 돈에 관심 좀 가지라고 할 때 못 이긴 척 재테크 한 번 해볼 걸. 다들 돈에 이렇게 관심이 많은지 몰랐네.'

계속 가만히 있는 것이 멋쩍어 주리도 한마디 거들었다.

"부동산 투자는 어때? 잘만 하면 괜찮을 거 같은데."

"아니에요, 언니. 괜찮은 수익형 부동산 찾는 거 정말 힘들어요. 근데 그건 당연한 거예요. 정말 괜찮은 부동산을 누가 뭐 하러 팔겠어요. 안 그래요?"

"듣고 보니 그러네. 정말 재테크하기 어려운 것 같아."

"전 그래서 공부가 중요하다고 생각해요. 전문가들 이야기도 많이 듣고. 아, 그리고 인맥도 중요한 것 같아요. 현장에서 나오는 정보가 정말 많거든요. 어려운 가운데서도 돈좀 벌었다는 사람들은 모임을 엄청 열심히 다니더라고요."

"그런 모임도 있어? 난 몰랐네."

"혼자서 재테크하는 걸 겁내는 사람이 많아요. 그럴 땐 누구랑 같이 하면 좋죠. 나보다 더 잘 아는 전문가를 찾아 멘토로 삼고 같이 성장하는 게 좋더라고요."

"전 그런 면에서 아직 결혼하지 않은 게 좋은 것 같아요. 싱글이고 아직 젊으니까 마음껏 도전할 수 있잖아요. 도전도 해보지 않고 결혼하면 손해 보는 기분일 거 같아요."

"그래. 그건 정말 그런 것 같아."

"그러니까 언니도 지금부터 멘토를 찾아서 열심히 싱글 재테크를 해보세요."

멘토라고 하니 주리의 머릿속에 머니 닥터가 떠올랐다. 얼떨결에 머니 닥터와 상담을 하게 되었지만 늦게라도 문제점을 알고 고쳐나갈 수 있게 되었으니 지금이 기회라는 생각이 들었다.

주리는 문득 궁금했다.

'그래서 싱글 재테크의 핵심은 뭐지? 싱글들만의 재테크 방법이 있는 건가? 이번에 머니 닥터를 만나면 꼭 물어봐야지!'

머니 닥터의 처방
싱글, 나 혼자 잘 살려면!

 주리의 동호회 모임에서 회원들이 이야기한 것처럼 현재 대한민국 30대 싱글들은 가난합니다. 물론 부유한 싱글도 있죠. 하지만 대부분 3백만 원 미만의 월급을 받고 있고, 순 금융 자산도 5천만 원 미만입니다. 최근 통계청이 실시한 가계 동향 조사 자료에 따르면 2017년 20~30대 가구의 소득 증가율이 0%대로 떨어져 사상 최저치를 기록했습니다. 흔히 30대 싱글이 재테크의 황금기라고 하죠. 하지만 정작 돈을 모아야 할 30대 싱글은 박봉에 시달리고 있고, 모아둔 돈도 없다고 합니다.

 그렇다면 30대 싱글들은 왜 가난한 것일까요? 바로 낮은 연봉, 잘못된 저축 습관 때문입니다. 연봉에 맞게 고물가를 견딜 수 있는 제대로 된 교육을 받지 못한 것이죠. 여기에 싱글로서 어떻게 재무 설계를 하고 실천해나가야 하는지 잘 모르고 있는 것도 한몫하고 있죠.

자, 이제부터 싱글 재테크의 핵심이 무엇인지 짚어보겠습니다. 앞서 싱글 재테크에 있어 가장 중요한 것이 뭐라고 했죠? 그렇죠. 목표 설정이라 했습니다. 싱글은 혼자 있는 시간이 많기 때문에 외로움을 이기고자 소비를 하는 경우가 많습니다. 혹은 주리처럼 자기만족을 위해 무계획적인 지출을 하고 지름신의 유혹을 뿌리치지 못하는 일이 많죠. 따라서 하루라도 빨리 지출 계획을 세우고 단기, 중기, 장기 목표를 설정해 소득이 줄거나 없어지는 노후를 대비해야 합니다.

무슨 말인지 알겠지만 너무 막연하게 느껴진다고요? 그럴 때는 살면서 돈이 필요한 이벤트가 무엇인지 생각해보세요. 사람마다 다르긴 하지만 굵직한 이벤트는 거기서 거기입니다. 이 이벤트에 맞춰 재무 목표를 설정해야 합니다. 예를 들어 내 집 마련, 은퇴 후 사업, 부모님 용돈, 가족의 대소사 등을 이벤트로 정했다면 지금 내가 가지고 있는 자산, 유입될 현금, 경제 활동 가능 연령 등을 따져보고 현실적으로 재무 계획을 세워야 합니다.

그렇다면 이런 계획마다 필요한 목적 자금을 준비하려면 어떻게 해야 할까요? 목적 자금을 마련하기까지 가장 중요한 '시간'을 생각해야 합니다. 시간 여유에 따라 선택할 수 있는 금융 상품의 종류가 달라집니다. 만약 5년 이내에 목적 자금을 마련해야 한다면 원금이 보장되는 예금, 채권, ELS

등에 투자하는 것이 좋습니다. 반대로 5년 이상 장기간 준비해야 한다면 수익성을 조금 더 따져야 합니다.

다음은 싱글의 내 집 마련에 대해 알아보겠습니다. 현재 우리나라의 부동산 정책은 보조금에서부터 금융권의 대출까지 전부 기혼 가정 위주로 설계되어 있습니다. 싱글에게는 이로운 게 없죠. 부양가족이 없는 독신자의 경우, 주택금융공사에서 지원하는 영세민 전세금 대출이나 근로자 서민 전세금 대출을 받을 수 없습니다. 그러므로 싱글일수록 내 집 마련에 더 관심을 기울여야 합니다.

그렇다면 싱글에게는 어떤 집이 좋을까요? 부양해야 할 가족 없이 혼자 사는 싱글의 경우 경비와 생활비가 적게 드는 공간을 선택할수록 유리합니다. 싱글이라면 더욱더 '아파트를 사두면 무조건 돈이 된다'라는 식의 관점으로 부동산에 접근할 이유가 없습니다. 싱글은 부동산에 대한 고정관념을 깰 필요가 있습니다. 미분양 아파트는 점점 쌓여 가고 재개발, 뉴타운, 시프트 등으로 쏟아지는 공급이 수요를 앞지르는 상황이라는 것을 기억하세요.

'난 아파트 한 채 사서 안전하게 살고 싶어.'

이런 생각을 하는 싱글도 분명 있을 것입니다. 이런 분들에게는 서두르지 말라는 말을 하고 싶습니다. 아파트는 투자 금액이 매우 크고, 매매 시 큰 비용이 발생하며, 유동성이 제한적입니다. 급하게 생각할 필요가 전혀 없습니다. 따라서 무리해서 대출을 받아 내 집 마련을 하기보다 계획성 있게 접근하는 것이 좋습니다. 우선은 효율성과 경제성을 따져 전세 혹은 월세로 거주하면서 내 집 마련 계획을 구체적으로 세우는 것이 현명한 방법입니다.

보험에 있어서는 보장성을 우선으로 생각하길 바랍니다. 재무 설계를 할 때 싱글은 부양가족이 없다는 점이 강점입니다. 경제적으로 자유로운 상태이므로 보험 상품에 가입할 때도 이 점을 유의하고 전략을 세워야 합니다.

만약 부양가족이 있다면 보험을 통해 내가 다치거나 사망했을 때 가족을 위한 안전장치를 준비해두어야 합니다. 하지만 싱글은 그렇지 않습니다. 질병이나 상해에 대비해 보장성 보험 위주로 가입하는 것이 유리합니다. 특히 여성의 경우 부인성 질환에 대비할 필요가 있습니다. 가족력이 있는 경우, 그에 맞춰 특정 질병에 대비한다면 더욱 든든하겠죠.

끝으로 싱글도 아니, 싱글이기 때문에 더욱더 인생 후반전에 대한 계획이 분명하게 서 있어야 합니다. 일반 직장인은 말할 것도 없고, 주리처럼 전문직이나 프리랜서라 해도 언젠가는 은퇴를 해야 할 시기가 옵니다. 여기서 말하는 은퇴는 단순히 수입이 끊기는 것을 의미하는 것이 아닙니다.

매일 같이 유지되던 일상의 흐름이 사라지는 것을 의미합니다. 은퇴 후에 갈 곳이 없어 여기저기를 배회하는 노인들을 많이 보셨을 겁니다. 이런 일을 겪지 않으려면 인생 후반전을 미리 준비해야 합니다.

인생 후반적은 경제 활동과 사회적인 활동, 두 가지 모두를 의미합니다. 노후 자금이 준비되지 않은 상황이라면 노후에도 경제 활동을 멈춰선 안 됩니다. 따라서 노후에도 할 수 있는 일이 무엇이 있는지 파악하고 미리 준비해두어야 합니다. 예를 들어 주리의 동호회 회원들처럼 관심 있는 분야를 공부해서 자격증을 따두는 것도 좋습니다. 인생 후반부를 준비하기 위해서는 시간과 비용을 투자해야 합니다. 그러기 위해선 돈이 필요하겠죠? 적은 액수라도 종잣돈을 모아두십시오. 또한 경제 활동이 계획되어 있다면 함께 취미 생활을 할 친구가 필요합니다. 그래야 노후가 더 풍족해질 것입니다.

1. 종신보험, 미련을 버려라

종신보험은 사망 보장 기간을 정하지 않고 보험 내상자가 사망 시에 약정한 사망 보험금을 지급해주는 보험이다. 자신이 죽은 뒤 남은 가족들에게 보험금을 남겨주기 위한 것이므로 싱글에게는 상대적으로 필요성이 덜하다.

2. 오래된 암보험은 유지하라

과거 암보험은 어떤 암에 걸리더라도 고액을 보장하는 경우가 많았다. 그러나 최근에는 갑상선암 등 발생 빈도가 높은 암의 보장이 5분의 1 정도로 축소됐다. 따라서 오래된 암보험의 해약은 신중하게 생각해야 한다. 암보험의 경우 갱신형인지, 비갱신형인지도 잘 살펴봐야 한다. 갱신형은 가입 초기에는 보험료가 저렴하지만 암 발생률이 높은 55세 이후에는 보험료가 급격히 오를 수 있다.

3. 보험의 기본은 실손의료보험이다

실손의료보험은 질병이나 재해에 관계없이 실제 발생한 의료비의 전액 또는 80~90%까지 보장해주는 상품이다. 또한 단독 실손의료보험이 출시되어 저렴한 보험료로 사소한 사고부터 중대한 질병까지 다양하게 보장받을 수 있다. 만일 실손의료보험에 가입하는 것이 어렵다면 별도의 의료비 통장을 만들어야 한다.

4. 연금보험은 소득에 따라 금액을 조정하라

세제혜택이 있는 연금저축이나 비과세 혜택이 있는 연금보험은 소득 수준이나 절세 목적 등에 따라 선택하면 된다. 연금저축은 연말정산 시 4백만 원 한도로 공제받을 수 있어 유용하지만, 연금 수령 시 연금소득세(3.3~5.5%)를 내야 한다. 비과세 혜택이 있는 연금보험은 10년 이상 보유하면 1인당 연간 1천 8백만 원이 넘지 않는 이상 세금을 물지 않는다.

스타일이 아닌
습관을 바꿔라

주리는 몇 시간째 인터넷 명품 중고 사이트에 접속해 있었다. 평소 같으면 새로 살 아이템을 찾았겠지만 이번에는 달랐다. 머니 닥터가 말한 대로 소비 중독에서 벗어나 소비 통제를 실천해볼 생각이었다. 일단 주리는 손이 잘 가지 않아 옷장에 처박아 두었던 명품백들을 꺼냈다. 한때는 그저 보고만 있어도 배가 부르고, 가지고 있는 것만으로도 기쁨을 주던 것들이었지만 눈물을 머금고 작별을 고하기로 했다.

'아, 살 때는 이 가격이 아니었는데. 내 베이비들을 이렇게 헐값에 내놓아야 하다니!'

중고가로 가격을 대폭 낮춰 판매글을 올리던 주리가 한숨을 푹푹 내쉬었다.

솔직히 말해 주리는 명품백을 처분하면서도 자신이 없었다. 어느 날 갑자기 또 지름신이 강림해 마구 사버리면 어쩌나 하는 걱정이 앞섰다.

"목표를 생각하세요. 이제 주리 씨의 목표는 집이에요, 집!"

주리는 불안감이 엄습할 때마다 머니 닥터의 말을 떠올렸다. 그의 말이 옳았다. 쇼핑도 하고 싶은 만큼 해봤고, 여행도 다닐 만큼 다녔다. 끝이 좋아야 다 좋은 게 아니겠는가. 주리는 그런 의미에서 노후는 매우 중요하고, 노후 준비의 첫걸음은 내 집 마련이라고 생각했다. 주리는 앞으로 자신이 살게 될 '내 집'을 떠올리며 마음을 다잡았다.

'잘 가! 그동안 고마웠어, 베이비들아.'

주리가 내놓은 명품백들은 중고 시장에서도 흔치 않은 모델이라 판매글을 올려놓기 무섭게 판매가 종료되었다. 다행이었다. 차라리 이렇게 빨리 판매된 것이 미련을 끊어내기에 더 좋을 것 같았다.

머니 닥터는 주리에게 이런 조언도 해주었다.

"다음에 또 명품을 사고 싶다면 여윳돈으로 덜컥 사는 게 아니라 저축해서 모은 돈으로 사겠다고 계획을 세우세요. 그러면 쉽게 살 수 없을 거예요. 저축할 때 힘들었던 게 생각날 테니까요."

주리는 머니 닥터의 조언을 가슴에 되새기며 이제는 여윳
돈으로 절대 명품을 지르지 않겠다고 결심했다.

명품백 말고도 정리할 것이 많았다. 자리만 차지하는 가
구, 잘 쓰지 않는 주방 도구……. 모두 꺼내어 살펴보니 집
안에 물건이 이렇게 많았나 하는 생각이 들었다. 주리는 동
생들에 나눠 줄까 싶어 아라에게 전화를 걸었다.

"언니, 그런 것도 전부 중고로 팔아. 헐값에라도 파는 게
낫지."

"이렇게 덩치 큰 걸 누가 사려고 하겠어."

"아, 답답해! 중고나라나 맘 카페가 있잖아. 싸게 올리면
사람들이 와서 차로 다 싣고 가."

"그렇게까지 해서 팔아야 해?"

"언니, 아직 정신 못 차린 거야? 조금이라도 현금으로 만
들면 좋잖아."

주리는 아라가 말한 대로 잘 쓰지 않는 살림살이들을 여
러 사이트에 올려 모두 판매했다. 그러자 집이 훨씬 넓어 보
이고, 청소하기도 쉬웠다. 늘 짐이 많아 답답하고 정돈이 잘
되지 않던 집이 새로운 분위기를 연출했다. 직접 청소를 해
도 충분하지 않아 종종 청소 업체를 부르기도 했는데, 이제
는 그럴 필요도 없었다.

주리는 마지막으로 신용카드를 정리하기로 했다. 프리랜

서인 주리는 원칙적으로는 카드를 발급할 수 없었다. 하지만 워낙 백화점, 인터넷 쇼핑몰 등의 실적이 좋아 한도가 큰 카드를 여러 장 만들 수 있었다. 카드는 정말이지 돈 쓰기에 안성맞춤이었다. 카드사 할인이 적용될 때마다 돈을 아낀 듯한 기분이 들어 뿌듯하기도 했다. 카드사 할인에 혹해 쓰지 않아도 될 돈을 쓴다는 생각은 하지 못했다. 주리는 사용 한도를 1백만 원으로 낮춘 카드 두 장만 남겨두었다. 하나는 주 거래 은행과 연결된 카드였고, 하나는 예비용이었다.

"또 정리할 게 뭐가 있지?"

신기한 일이었다. 주리는 그동안 자신이 고수해온 라이프 스타일을 바꿀 수 없을 것이라고 생각했다. 그런데 작은 부분에서부터 변화를 주기 시작했더니 삶이 조금씩 바뀌는 것 같았다. 참 기분 좋은 변화였다.

'그래! 앞으로는 지금까지와 다르게 살아보자!'

주리는 막막함과 불안감이 조금씩 사라지는 것을 느꼈다.

싱글 라이프의 마스터키, 저축

'싱글은 혼자 벌어 혼자 쓰기 때문에 돈을 쉽게 모을 수 있어'라고 생각하고 있나요? 엄청난 착각입니다. 저축은 습관입니다. 저축이 습관으로 굳어져 있지 않은 사람이 어떻게 하루아침에 저축액을 늘릴 수 있겠습니까. 특히 싱글은 월급을 받으면 지출을 하고 난 뒤 남은 돈으로 저축을 하려고 합니다. 그런 생활을 반복하면 연봉이 올라도 계속해서 쪼들릴 수밖에 없습니다. 조금 힘들지만 마음을 독하게 먹고 생활 습관을 고칠 필요가 있습니다.

싱글일수록 월급이 아닌 자산으로부터 소득을 발생시켜 노후를 대비해야 합니다. 재무 관리에 관심을 갖고 1인 가구의 주체적인 자산가가 되어야 하죠. 앞서 언급한 강제 저축은 싱글에게도 반드시 필요합니다.

싱글을 소비로 몰아넣는 유혹은 크게 세 가지입니다.

- 잦은 해외여행
- 스트레스 해소를 위한 유흥
- 지름신 강림으로 인한 충동구매

주리의 경우, 이 세 가지가 모두 해당되었죠. 내가 주리처럼 과소비를 하고 있는지, 그렇지 않은지 객관적으로 판단할 수 없다고요? 그럼 직장 생활을 시작한 지 몇 년이 됐는지 계산해보고, 그 기간 동안 받은 총 연봉과 저축액이 얼마인지 계산해보세요.

'어? 내가 연봉을 이렇게 많이 받았나? 그런데 모아둔 돈은 왜 이렇게 적지?'

이런 후회와 탄식이 든다면, 지금부터라도 소비를 줄여야 합니다.

제대로 된 재무 관리 방법으로 저축을 과감히 늘릴 것을 가장 먼저 권하겠습니다. 1인 가구일수록 부동산보다는 금융 자산 비중이 자산에서 더 많은 비중을 차지해야 합니다. 월급의 50%, 최대 70%까지 저축하되, 지정한 날짜에 빠져나가도록 자동 이체를 설정해둘 필요가 있습니다. 납득이 되지 않으면 이렇게 생각해보십시오.

> 1천만 원을 투자해서 10%의 수익률로 연 1백만 원을 벌기란 정말 어렵다. 하지만 매월 8만 원을 1년 동안 저축한다면 1백만 원의 수익을 낼 수 있다.

무리하게 투자하기보다는 소비를 줄여 저축하는 것이 더 쉽고, 확실하고, 안전합니다. 그러기 위해서는 수입이 생기면 저축을 먼저 하고 남은 돈으로 소비를 하겠다는 마인드가 필요합니다.

자, 이제 싱글의 투자 수단에 대해 알아볼까요? 싱글의 투자 원칙 중에서 가장 중요한 것은 기혼 가정보다 더욱 안정적이고 보수적인 투자를 해야 한다는 점입니다. 투자 실패로 인한 손실을 온전히 혼자 떠안아야 하기 때문이죠. 안정적으로 절세 효과를 통해 수익을 노리는 것이 좋습니다.

그래서 전문가들은 싱글들에게 절세를 통해 실효 수익을 높이는 연금저축을 많이 권합니다. 연금저축의 경우 4백만 원 불입 한도로 세액공제를 받을 수 있고, 직장인의 경우 개인형 퇴직연금(IRP)에 3백만 원까지 추가로 세액공제가 가능합니다.

국민연금만으로 노후를 대비할 수 없다는 사실은 잘 알고 계시죠? 따라서 개인연금, 퇴직연금 등의 연금 상품이 반드시 필요합니다. 주요 상품으로는 국민연금, 개인연금, 변액연금, 개인형 퇴직연금이 있습니다.

앞서 싱글에게는 종신보험의 필요성이 적다고 말씀드렸죠? 싱글은 종신보험보다 연금보험에 가입하는 것이 유리합니다. 또 금리가 계속 낮아지는 추세이므로 연 4% 수익을 목표로 주식과 채권을 혼합한 상품에 가입하는 것이 좋습니다. 이밖에도 개인종합자산관리계좌(ISA), 해외주식 전용펀드, 장기저축보험 등 다양한 저축 상품이 있으니 투자 성향에 따라 알맞게 선택하면 됩니다.

마지막으로 싱글일수록 재무 관리에 꾸준히 관심을 가져야 합니다. 금융권에서도 싱글을 위한 상품이 경쟁적으로 출시되고 있습니다. 작은 관심만으로도 큰 혜택을 누릴 수 있는 기회가 열린 셈이죠. 재무 관리를 어떻게 시작해야 할지 도무지 감이 잡히지 않는다면 재무 상담사에게 도움을 구하는 것도 좋은 방법입니다.

싱글을 위한 추천 금융 상품

용도	상품	특징
목돈 만들기	예·적금, 적립식 펀드, 저축보험, ISA	연금 포함 소득의 50% 이상 투자
건강 대비	질병, 재해/ 상해보험, 장해보험, 실손보험	선택이 아닌 필수
노후 자금 마련	국민연금, 개인연금, 변액연금, 개인형퇴직연금	종신보험은 필요성이 적음

진정한
독립이란

주리는 프리랜서라 출퇴근이 자유롭지만 5년째 합정동에 살고 있었다. 다른 곳으로 이사할까 생각해본 적도 있지만 지금 사는 곳이 좋았다. 동생들이 매달 70만 원씩 내는 월세가 아깝지 않냐고 물을 때마다 주리는 이렇게 대답했다.

"번화가라서 좋아. 교통도 좋고. 정이 들어서 그런지 다른 곳으로 가고 싶지 않아."

돌아오는 모아의 대답은 언제나 같았다.

"나라면 그 돈 아끼겠다."

모아는 주리가 내는 월세를 자기 돈처럼 아까워했다. 모아 말이 틀린 것도 아니었다. 주리에게는 지역만 바꾸면 전셋집을 얻을 만한 충분한 자금이 있었다. 그런데도 주리는 서울의 번화가, 도심 한복판을 고집했다. 도시 여성으로 편하게 산다는 자부심을 포기하고 싶지 않은 마음도 있었다.

'정말 다른 데 가서 한 번 살아봐? 살다가 영 싫으면 다시 이사해도 되잖아.'

주리가 이런 생각을 하게 된 이유가 있었다. 월세로 나가는 주거비를 낮추면 저축액을 훨씬 많이 늘릴 수 있다는 머니 닥터의 조언에 설득당한 것이다.

그리고 사실 주리는 도심 한복판에 사는 것이 익숙하고 좋은 한편, 쓸쓸함을 느낄 때도 있었다. 도시의 삭막함, 혼자라는 고립감……. 주리가 머니 닥터와의 상담을 통해 크게 깨달은 바가 있었는데, 그것은 바로 외로움을 해소해야 소비를 줄일 수 있다는 것이었다.

'나는 여행도 다니며 누구보다 자유롭게 즐길 거 다 즐기며 신나게 산다고 생각했는데, 그게 아니었나? 그래서 나도 모르게 소비로 허전함을 채우고 있었는지도 몰라.'

게다가 말로는 별것 아니라고 했지만, 용종 제거 수술을 한 뒤로 걱정이 하나 더 늘었다. 나이 들었다고 할 수는 없지만 그렇다고 젊다고 할 수도 없는 나이였다.

'앞으로 더 나이가 들 텐데, 건강까지 제대로 관리하지 못하면 어떻게 될까?'

주리는 평소 늦게 자고 늦게 일어났으며 늘 먹는 것도 부실했다. 생활 습관 관리가 제대로 되고 있지 않았다. 지금까지는 젊음으로 커버할 수 있었지만 앞으로는?

주리는 정서적 외로움과 생활 습관, 이 두 가지를 해결해야겠다고 마음먹었다. 이 두 가지는 서로 연결되어 있었고, 이를 해결하기 위해서는 혼자인 것보다 가족 가까이에 있는 것이 좋을 것 같았다.

'부모님 집 근처로 갈까?'

사실 부모님은 오래전부터 주리가 근처에 와서 살기를 원하셨다.

"엄마가 옆에서 식사도 잘 챙겨주고 얼마나 좋아. 멀리 나갈 일 있으면 아빠 차 쓰면 되잖아. 집값도 서울보다 훨씬 싸고."

엄마가 이렇게 말할 때마다 주리는 고개를 마구 저었다.

"아, 싫어요. 내가 왜 호랑이 굴로 기어들어가."

"호랑이 굴?"

"아빠, 엄마가 얼마나 잔소리를 해대겠어? 생각만 해도 귀가 따가워."

그런데 다시 생각해보니 부모님 가까이에서 못 살 것도 없었다. 아니, 오히려 여러 가지로 자신에게 더 좋을 것 같았다.

'왜 그때는 생각조차 하지 않으려고 했을까?'

먹고 싶으면 먹고, 자고 싶으면 자고, 툭하면 외국으로 훌쩍 떠나버리는 자신에게 부모님이 얼마나 잔소리를 해댈까 하는 게 이유의 전부였다.

주리는 동생들에게 이사하는 문제에 대해 이야기했다.

모아는 코웃음부터 쳤다.

"언니, 언니는 엄마 잔소리 일주일도 못 견딜 걸?"

하지만 아라는 진지하고 심각한 표정을 지었다. 그리고 이렇게 물었다.

"계속 떨어져서 자유롭게 살다가 괜찮겠어?"

"생각해보니까 내가 독립에 대해 잘못된 환상을 갖고 있었던 것 같아. 마음대로 하는 게 독립인 줄 알고 미래는 전혀 생각하지 않았어. 진짜 독립은 내가 죽을 때까지 나를 잘 건사하는 거 아니겠어? 부모님 걱정 안 시키고 말이야."

모아는 주리의 말에 깜짝 놀랐다.

"언니 왜 그래? 머니 닥터 만나면 다 이렇게 되는 거야?"

"그리고 부모님 곁에 있으면 좋지 뭐. 나 실은 좀 외로웠거든. 본가 가까운 곳으로 이사해서 부모님 얼굴 자주 보고 그러는 것도 좋을 거 같아. 아빠, 엄마가 뭐 하나든 더 챙겨주면 챙겨주지 해롭게 하겠어?"

"와, 대박! 우리 언니 철들었네? 이게 웬일이야?"

"넌 까불지 좀 마. 언니 생각이 그러면 이사해. 언니가 그렇게 생각을 바꿨으면 굳이 떨어져서 살 이유가 뭐 있어. 안 그래?"

아라는 주리의 결심에 용기를 보태주었다.

"나도 찬성! 언니 이사 오년 가끔 동네에서 맥주도 마시고, 수다도 떨고 좋지. 당장 이사해!"

주리의 이사 소식을 들은 부모님은 예상대로 주리의 결정을 반겼다. 그렇게 합정동의 화려한 싱글 돈주리는 실속을 찾아 보금자리를 옮기기로 했다.

주거가 바꾸면 미래가 바뀐다

독립해서 사는 싱글 여성들에게 과다한 주거비는 적지 않은 부담이죠. 여성은 안전 문제로 대로변 거주지를 택해야 하고, 최소 3, 4층 이상, 어느 정도 보안이 보장된 집에서 살아야 합니다. 그래서 그만큼 집값이 만만찮은 게 현실이죠. 요즘 같은 월세 시대에 주거비를 지출하면 저축할 여력이 없다는 싱글 여성이 많습니다.

주리가 말했듯 진정한 독립은 죽을 때까지 스스로를 잘 부양하는 것입니다. 단순히 집에서 나와 혼자 사는 것만이 독립이 아니죠. 렌트푸어로 힘들게 살 게 아니라 주거지를 바꾸는 과감한 변화를 줄 필요도 있습니다. 정 혼자 지내는 게 버겁다면 부모님 집에 다시 들어가는 것도 방법이죠. 그렇게 해서라도 주거비 지출을 줄이고 저축을 늘리는 것이 답입니다.

자, 그러면 싱글이 합리적으로 주거할 수 있는 공간에 대해 알아볼까요? 싱글 여성들이 가장 많이 거주하고 또 선호하는 주거 형태는 바로 오피스텔입니다. 오피스텔을 선택할 때는 가격도 가격이지만 지역을 먼저 정하는 것이 좋습니다. 오피스텔은 물량이 많지 않기 때문이죠. 전세를 원한다면 물량을 확보하기가 더욱 쉽지 않습니다. 오피스텔 전세는 물건이 나오기 무섭게 계약이 성사되곤 합니다. 거주지로 적합한 지역을 먼저 선정하고, 그 지역의 오피스텔을 집중적으로 분석하십시오. 그런 다음 부동산에 전화해 시세를 파악하고 발품을 많이 팔아야 합리적인 비용으로 집을 얻을 수 있습니다.

빌라나 다세대 주택은 상대적으로 낡은 곳이 많아 싱글 여성들에게는 인기가 없습니다. 그렇지만 재테크에 관심이 많고 어느 정도 불편을 감수할 수 있는 싱글이라면 빌라나 다세대 주택 전세도 고려할 만하죠. 투룸이나 쓰리룸에 전세로 싸게 들어가 남는 방에 룸메이트를 들여 월세 수익을 올리는 것도 하나의 방법입니다. 누군가와 함께 산다는 불편을 이겨낼 수 있는 사람이라면 혹은 지역이 대학가 주변이라면 시도해볼 만한 방법입니다.

끝으로 최근 직장인이나 젊은층 사이에서 인기를 끄는 주거 공간으로 셰어하우스가 있습니다. 각자의 공간은 보장받으면서 거실이나 주방 등은 공동으로 사용해 주거비를 아끼는 형태를 일컬어 셰어하우스라고 하는데요. 혼자 사는 것이 외로운 이들에게 인기가 많습니다.

이렇게 주택의 형태는 다양해지고 있습니다. 혼자 산다고 오피스텔이나 원룸을 얻어 생활할 것이 아니라 내 용도에 맞게 집을 얻을 필요가 있습니다. 이 또한 일종의 다운사이징이라고 할 수 있죠. 앞으로 이런 추세는 더욱 두드러질 전망입니다. 1인 가구 증가와 부동산 시장 침체로 인해 주택에 대한 개념이 소유에서 거주로 바뀌고 있기 때문입니다.

이제는 시대가 달라져 집을 투자나 재산 늘리기의 수단이 아닌, 실주거용으로 생각하는 사람이 많습니다. 주거 다운사이징이라는 말을 들어본 적 있으시죠? 다운사이징이 점점 더 설득력을 얻는 이유는 바로 이런 인식의 변화 때문입니다. 굳이 넓은 아파트에서 높은 유지비를 부담하며 사느니 주거 면적을 줄이고 삶의 질을 높이는 것이 낫다는 생각이 대세입니다.

주리의 경우 집을 옮김으로써 심리적인 외로움을 덜고 소비를 통해 외로움을 충족하려던 습관에서 벗어날 수 있을 것입니다. 주리처럼 출퇴근의 부담이 없는 프리랜서라면 미래를 생각했을 때 전세금이 저렴한 지역에서 집을 얻는 것이 현명한 처사입니다. 상담 중에 주리가 했던 말을 옮기며 독립의 의미를 다시 한 번 짚어보겠습니다.

"요즘 절약되는 돈을 보니까 제가 왜 계속 서울, 번화가를 고집했는지 모르겠어요. 가족 가까이에 간 것이 오히려 진정한 독립을 해낸 계기가 된 것 같아요."

주리의 진정한 독립, 이만하면 성공적인 것 같죠?

모아 story

나처럼 야무진 애가
어디 있어?

짠테크의 여왕,
돈모아

"모아 씨, 우리 스벅 갈 건데 같이 갈래요?"

점심시간, 지난 전체 회식 때 모아와 친해진 건너편 사무실의 박 대리가 친절하게 말을 건넸다. 그러자 모아와 같은 사무실을 쓰는 동료가 웃으며 대꾸했다.

"몰랐어? 모아 씨는 커피 같은 거 안 마셔."

"왜요? 카페인이 몸에 안 맞아요?"

박 대리의 눈치 없는 질문에 모아는 그냥 웃어넘겼다. 하지만 밖으로 나가며 동료들이 속닥거리는 소리가 쓸데없이 너무 잘 들렸다.

"엄청 짠순이거든. 누가 쏠 때 아니면 절대 안 마셔."

그러거나 말거나! 모아는 전혀 신경 쓰지 않았다.

'그래! 니들은 커피 많이 마셔라. 나는 돈을 모을 테니까.'

모아에게 커피는 누가 사줄 때만 마시는 것이었다. 모아는 점심시간마다 습관처럼 6전 원짜리 커피를 사 마시는 동료들이 이해가 되지 않았다. 회사에 있는 공짜 믹스커피는 뭐 커피 아닌가? 모아는 아무도 없는 사무실에서 믹스커피 한 잔의 여유를 즐겼다.

모아는 어릴 때부터 이런 말을 많이 들었다.

"쟤는 누굴 닮아서 저렇게 짜?"

특히 주리는 모아의 절약 습관에 혀를 내둘렀다. 모아가 이렇게 짠순이가 된 것은 일찍이 돈의 중요성을 깨달았기 때문이다. 경기도 변두리에 사는 모아네 집에 종종 놀러 오던 서울 사촌 언니들이 사건의 발단이었다. 서울과 경기도가 뭐 그리 차이가 날까 싶지만 현실은 그렇지 않았다. 어릴 때는 멋모르고 어울려 함께 놀았지만 모아네 자매와 사촌 언니들은 시간이 지날수록 격차가 났다. 사촌 언니들이 미국이나 캐나다로 연수를 갈 때, 모아네 자매는 겨우 인터넷 강의를 통해 영어 공부를 했다. 사촌 언니들은 부모님의 전폭적인 지지로 언론사 기자, 대기업 사원이 됐지만 모아네 자매는 프리랜서, 주부, 중소기업 사원이 됐다. 모아는 넉넉하지 않은 가정 형편을 원망하진 않았다. 오히려 늘 부모님께 고마워하는 착한 딸이었다. 하지만 종종 이런 생각이 들었다.

'우리 집도 사촌 언니네처럼 살았다면 어땠을까? 지금과 다른 인생을 살고 있을까? 인생에서 돈이 정말 중요할까?'

여기에 사회 분위기가 모아의 생각을 더욱 확고하게 만들었다. 모아는 N포세대라는 말이 너무 싫었다. 빨리 결혼해서 안정감을 갖고 싶었던 모아는 돈 때문에 취업, 연애, 결혼, 출산을 다 포기하게 되는 것은 아닌지 늘 두려웠다. 하지만 다행히 대기업은 아니지만 취업도 했고, 남자 친구도 있으니 모아의 다음 목표는 결혼이었다.

목표를 이루려면 돈을 아껴야 했다. 모아는 일단 짠테크족에게 인기라는 어플리케이션으로 가계부를 썼다. 이 어플리케이션은 지출 분석 통계나 그래프가 아닌 현재 가지고 있는 돈과 생존 기간을 알려주었다. 생존 기간 전에 돈을 다 써버리면 이런 메시지와 함께 알람이 울렸다.

'생존을 포기하셨나요?'

모아는 누구보다 '공짜'를 좋아했다. 무료 와이파이가 되는 곳에서만 휴대폰을 사용했고, 무료 기프티콘을 주는 경품 이벤트에는 무조건 참여했다. 걷기만 해도 무료 포인트가 쌓이는 운동형 어플리케이션도 애용했다. 100걸음을 걸으면 1원, 하루 최대 1만 보를 걸으면 100원이 적립되었다.

다이어트도 하고, 차비도 아끼고, 포인트도 쌓고! 일석삼조
가 아닌가.

최근 모아가 가장 관심을 갖고 있는 것은 일본에서 시작
된 지출을 제로로 만드는 짠테크였다. 이른바 '0엔 생활'이
라고 불리는 극강의 짠테크가 탄생한 것이다. 모아는 한 달
중 단 며칠이라도 '0원 데이'를 실천하고자 노력했다. 주리
는 모아가 급기야 '0원 데이'에 도전한다는 것을 알고 입을
다물지 못했다.

"너 진짜 대단하다. 앉은 자리에 풀도 안 나겠어."

"두고 봐. 언니보다 훨씬 부자가 될 거니까."

"근데 그런 정보는 대체 어떻게 안 거야?"

"언니, 우리 짠테크족들이 우스워? 우리 카페 회원이 몇
만 명인지 알아?"

모아 같은 애가 몇 만 명이나 있다니! 주리의 입은 더 크
게 벌어졌다.

그런데 이렇게 야무진 모아가 요즘 좀 이상하다! 대체 모
아에게 무슨 일이 생긴 것일까?

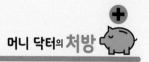

머니 닥터의 **처방**

욜로와 짠테크 사이

재무 상담을 하다보면 상담자들이 소비를 대하는 태도가 극과 극이라는 것을 느낄 때가 많습니다. 우리 사회는 지금 '허리띠를 조르고, 또 졸라야 한다'라는 짠테크와 '한 번뿐인 인생, 후회 없이 즐기자'라는 욜로, 두 가지가 동시에 유행하고 있습니다.

짠테크는 짠돌이와 재테크의 합성어로, 소비를 극도로 줄이는 소비 태도를 말합니다. 방법은 다양합니다. 월급이 들어오면 저축부터 하는 강제 저축도 있고, 재테크의 고전인 풍차 돌리기도 짠테크의 일환이죠. 새로 장을 보지 않고 냉장고 속 묵은 식재료를 이용해 조리해 먹는 냉장고 파먹기도 짠테크라 할 수 있습니다.

짠테크와 욜로. 이렇게 양극단의 소비 트렌드가 유행하는 이유가 뭘까요. 이는 모두 저성장 경제에서 비롯된 현상이라고 볼 수 있습니다. 임금은 물가상승률을 따라가지 못하고 경제 성장은 정체되면서 미래가 더욱 불안하게 느껴집니다. 이런 상황에서 상대적으로 가진 것이 있는 기성세대보다 2030세대가 더 많은 불안감을 느끼는 것이 현실이죠.

이렇게 너 나 할 것 없이 불안한 가운데 미래를 바라보는 시각이 두 가지로 나뉘면서 짠테크족이 되기도 하고, 욜로족이 되기도 합니다. 모아처럼 안정을 추구하는 사람은 짠테크족이 되는 것이고, 과거의 주리처럼 오늘을 즐기려는 사람은 욜로족이 되는 것이죠. 그런데 요즘 20대 중에는 짠테크와 욜로가 결합한 소비 패턴을 보이는 이들도 적지 않습니다. 20대는 한창 젊은 나이에 해보고 싶은 것은 많은데 돈이 충분치 않은 나이죠. 그래서 평소에는 안 먹고 안 입음으로써 수단과 방법을 가리지 않고 돈을 아끼고 그렇게 모은 돈을 새로운 경험을 위해 아낌없이 투자합니다.

그러니까 요즘 20대들은 평소에는 편의점 도시락으로 배를 채우다가도 양껏 먹고 싶을 때는 뷔페에 가서 다양한 음식을 먹습니다. 물건을 싸게 사기 위해 중고 거래를 하다가도 반드시 사고 싶은 물건은 해외 직구를 해서라도 구매하죠. 옷은 저렴하게 SPA 브랜드를 사 입으면서 특급 호텔에서 호캉스를 즐기기도 합니다. 이는 모두 돈은 적지만 쓰고 싶은 데는 많은 딜레마를 극복하기 위한 나름의 해결책입니다.

어떤 소비 형태가 옳고 그르다고 할 수 있을까요? 한때 '그레잇'과 '스튜핏'이라는 단어가 유행했죠? 소비 그 자체를 옳고 그르다고 판단할 수는 없습니다. 중요한 것은 돈의 가치입니다. 돈은 숫자만으로 계산할 수 없습니다. 액수보다 가치가 더 중요합니다. 만약 매달 1백만 원을 오롯이 사치하는 데 쓰더라도 노후가 다 준비되어 있고 소득 수준과 어울린다면 액수는 문제가 되지 않습니다.

자, 그러면 지금부터 모아의 사례를 통해 사회 초년생이 돈의 가치를 깨닫고 재무 설계를 건실하게 해나가는 과정을 함께 살펴볼까요?

모으는 건 한 세월, 잃는 건 한 방

"모아 씨, 요즘 집에 무슨 일 있어요? 왜 그렇게 표정이 어두워?"

모아가 부쩍 한숨 쉬는 일이 잦자 팀장이 물었다

"네? 아닙니다. 아무 일도 없어요."

"그러면 다행인데, 다들 그러네. 모아 씨가 요즘 좀 이상하다고."

"죄송해요. 제가 걱정을 끼쳤네요."

"죄송할 게 뭐 있어. 아무 일 없으면 됐지. 항상 밝은데 요즘 통 웃지도 않고 한숨도 많이 쉬고 그래서 물어본 거야. 걱정이 되어서."

"네, 걱정해주셔서 감사해요."

'일단 대충 둘러대긴 했는데, 그렇게 티가 많이 났나?'

모아는 더 조심해야겠다고 생각했다. 부모님, 언니들, 남자 친구까지 팀장과 비슷한 말을 해 여간 부담스러운 것이 아니었다. 그래서 의연하게 행동하려고 했는데, 돈을 생각하면 의연할 수가 없었다. 돈 생각만 하면 한숨부터 나왔다.

'내가 어떻게 모은 돈인데!'

사실 모아는 얼마 전에 전 재산을 날렸다. 이제 막 사회생활을 시작했으니 전 재산이라고 해봤자 얼마 되지 않을 거라고? 모아는 그동안 정말 피땀 흘리며 돈을 모았다. 코흘리개 시절에 받은 세뱃돈, 중·고등학생 때 잠깐씩 아르바이트를 해 모은 돈, 대학 때 등록금 때문에 고생하면서도 한 푼, 두 푼 모았던 용돈, 직장 생활을 하며 받은 월급까지……

모아는 그동안 모은 돈을 사모펀드에 투자했다. 사모펀드란 소수의 투자자로부터 모은 자금을 운용하는 펀드를 말한다. 사모펀드가 유명해진 것은 고수익 기업 투자 펀드이기 때문이다. 49인 이하의 특정 투자자들을 모집해서 저평가된 기업에 투자하거나, 투자 대상을 선택할 수 있기 때문에 어느 정도 자산이 있는 자산가들이 선호하는 투자 방식이다.

모아는 오래전부터 활동하던 인터넷 카페를 통해 사모펀드에 대해 알게 됐다. 카페 주인장은 열정적으로 활동한 회원 몇 명만 모아 투자 강연회를 열었다. 강연회의 주인공은 모아가 동경한 재테크의 달인이었다. 그는 재테크 책을 써서 베스트셀러 작가가 됐고, TV에도 자주 출연한 유명인이었다.

재테크의 달인은 강연 시간 내내 사모펀드의 고수익성을 강조했다.

"이런 저금리 시대에 투자가 아니면 어떻게 돈을 벌겠어요. 여러분, 투자를 겁내면 안 됩니다! 제가 이만큼 부자가 된 것도 투자 때문이에요!"

강연회가 끝나고 카페 주인장은 모아를 비롯한 회원 몇 명을 비밀 모임에 초대했다.

"평소 카페 활동을 열심히 한 회원들에게만 드리는 특별한 기회니까 꼭 오세요. 좋은 투자처를 알려드릴게요."

비밀 모임 자리에서도 재테크 달인의 달콤한 사탕발림이 계속되었다. 모아처럼 금전 의식이 투철한 사람도 귀가 솔깃할 정도로 그가 하는 말은 꽤 그럴싸했다.

'그래! 저축만으로 어떻게 부자가 될 수 있겠어? 이참에 투자하는 방법도 배우고, 돈도 벌면 좋잖아?'

모아는 결국 전 재산 1천 2백만 원을 사모펀드에 투자했다. 지금 생각하면 말도 안 되는 황당한 일이었지만 그때는 꼭 그래야 할 것만 같았다.

'돈 욕심에 눈이 멀었던 거지. 이러니까 사기꾼들이 사기를 치고 보이스피싱하는 인간들도 계속 늘어나는 거 아니겠어?'

알고 보니 모아가 투자한 펀드는 사모펀드를 가장한 불법 유사수신업체였다. 그렇게 모아의 피땀 어린 전 재산이 허공에 흩어졌다.

오랜만에 언니들을 만나 식사를 하는 중에도 모아는 계속 우거지상이었다. 언니들은 모아를 생각해 모아가 가장 좋아하는 간장게장을 먹으러 왔는데, 모아가 제대로 밥을 먹지 못하자 너무 걱정이 되었다.

"요즘 왜 그래? 엄마도 걱정 많이 하시던데."

"혹시 남자 친구랑 헤어졌어? 대체 왜 그러는 건데."

"모아야, 언니들한테 말해. 언니들인데 뭐 어때. 혹시 돈 문제야?"

아라의 예리한 추궁에 모아는 그만 둘러댈 말을 잊어버렸다. 한편으로는 자신의 괴로움을 어딘가에 속 시원히 털어놓고 싶기도 했다. 모아는 맥주 한 잔을 단숨에 들이켠 뒤 입을 열었다.

"언니들! 나, 전 재산 날렸어."

"언니! 내가 얘 돈 때문이랬지? 얘가 이렇게 괴로워할 일은 돈밖에 없어."

아라는 어려운 퀴즈를 푼 것처럼 기뻐하다가 모아의 눈치를 보고 멈칫했다. 자초지종을 들은 주리가 모아를 위로해 주었다.

"벌써 다 날렸는데, 그렇게 끙끙댄다고 해서 돈이 다시 돌아와? 이제 그만 미련 버려. 까짓것! 인생 공부했다고 생각해. 앞으로 10배 아니, 100배 벌면 되잖아. 안 그래?"

"나도 그렇게 생각하고 잊으려고 하는데, 그게 참 어려워. 너무 속상해서 자다가도 벌떡 일어나. 내가 그 돈을 어떻게 모았는데!"

모아는 그만 엉엉 울음을 터뜨리고 말았다. 그때 두 언니의 머릿속에 한 사람의 얼굴이 떠올랐다. 바로 머니 닥터!

첫사랑처럼 쓰린 첫 투자

집값은 그 끝이 어디인지 확인하려는 듯 끊임없이 오르고 있고, 실업률은 최악인 상황에서 결혼, 출산, 취업을 앞둔 세대들의 마음은 어떨까요? 과거에는 실력만으로 계층 상승이 가능했지만 지금 상황이 어디 그런가요. 계층 상승 사다리는 무너진 지 오래고, 부의 대물은 점차 심화되고 있습니다.

평생 죽어라 일해도 건물주의 재산 증식을 따라갈 수 없는 지금의 현실이 N포세대를 허탈감에 빠뜨리고 있습니다. 이런 상황 때문에 위험한 투자에 발을 들이는 청년들이 많습니다. 본격적인 경제 활동을 해보기도 전에 패배감에 빠진 N포세대로서는 평범한 사람들의 투자 성공기가 솔깃할 수밖에 없습니다. 흙수저에서 탈피하고자 하는 욕망이 강하기 때문이죠. 모아도 그런 경우였습니다.

모아처럼 소위 말하는 한탕주의에 빠진 청년들이 적지 않습니다. 고위험, 고수익 주식 투자나 펀드 등에 관심을 갖는 경우가 많죠. 재테크뿐 아니라 금융 경제, 부동산 등 투자 전반에 대한 청년층의 관심이 커졌다고 합니다.

최근에 문제가 된 가상화폐 투기 논란을 겪으며 청년층의 눈이 너무 높아졌다는 분석도 있습니다. '누구는 수억 원을 벌었다더라' 하는 헛된 기대심이 청년층을 휩쓴 것이죠. 하지만 단기간에 원금 이상의 수익을 거두려는 것은 냉정하게 말하면 도박을 하겠다는 것과 다를 게 없습니다.

청년층을 현혹하는 투자 상품은 어떤 것이 있을까요? 모아가 투자했다가 실패한 사모펀드는 대표적인 고위험 투자 상품입니다. 이는 기업 펀드의 일종으로, 고수익을 보장한다는 말에 현혹되는 투자자가 많죠. 또 하나는 해외 부동산 펀드입니다. 저금리 기조가 계속되면서 2016년부터 중위험·중수익을 추구할 수 있는 해외 부동산펀드에 대한 투자자들의 관심이 증가하고 있습니다.

그런데 문제는 수많은 투자자가 사모펀드, 부동산펀드의 구조와 내용, 리스크에 대한 이해가 부족하다는 것입니다. 고수익만 추구하며 투자에 참여했다가 모아처럼 투자금을 날렸다고 한탄하는 사람이 많습니다. 투자 상품에 대한 정보와 고려 사항, 리스크 등 유의할 내용을 확인하고 투자해도 결코 늦지 않습니다.

사모펀드의 경우, 판매를 운용하는 증권사나 자산 운용사가 정식으로 등록된 투자신탁업체인지 정확하게 확인해야 합니다. 높은 수익률만 보고 투자했다가 불법 유사수신업체의 불법적인 투자 행위로 판명이 나 투자금을 회수하지 못하는 경우가 많습니다. 이보다 더 안전한 투자 상품에 가입하는 것이 바람직하나 그래도 반드시 투자해야겠다면 확인, 또 확인 후에 투자하길 바랍니다.

또한 인기 있는 사모펀드는 투자 기간이 최소 3~5년씩 되는 장기 상품이거나 중간에 환매할 수 없는 폐쇄형 펀드가 많습니다. 투자 상품에 가입할 때는 어떻게 운용되는지를 정확하게 알아보고 투자자 개인의 형편과 목적에 맞는 상품에 투자할 필요가 있습니다. 또 수치상 이익이 실현됐는데 실제 수익률은 차이가 발생하는 경우도 많습니다. 이때도 투자자는 만기, 환매 시 성과 보수 조항이 있는지 세부 내용을 꼼꼼하게 확인해야 합니다.

저금리 · 저성장 시장 기조 아래 수익성이 높은 투자 상품에 관심이 뜨거워지고 일반 투자자들이 고수익형 상품에 투자할 수 있는 기회가 확대되고 있습니다. 하지만 고수익 상품은 고위험이 늘 한 쌍으로 따라다닌다는 것을 잊지 말고 상품의 내용, 구조, 리스크 등을 정확하게 숙지해야 합니다. 그런 다음 투자를 해야 만족할 만한 결과를 기대할 수 있습니다.

자, 이번에는 청년층의 현실에 대해 이야기해보겠습니다. 청년층이 흙수저 탈출이나 고수익 투자에 현혹되는 것은 그만큼 현실이 팍팍하기 때문입니다. 한마디로 월급만으로 생활하기 힘들다는 것이죠. 이 말은 곧 버는 돈이 적거나 지출 관리가 안 된다는 뜻입니다.

안타깝게도 저소득은 청년층 전반이 영향을 받고 있는 사회적인 문제입니다. 양질의 일자리가 줄어들고 소득 불균형이 심화되면서 청년층이 전반적으로 가난해진 것이 사실입니다. 그럼에도 돈 관리의 기본은 버는 돈에 맞춰 쓰는 것입니다. 이는 재무 관리의 시작이자 끝이라 해도 과언이 아닐 정도로 중요합니다. 그런 관점에서 본다면 지금의 청년층이 재무 관리에 있어서 불성실하다고 비판할 수 있습니다.

그런데 여기서 중요한 것은 불성실함이 나타나는 이유입니다. 청년층이 재무 관리에 무관심하거나 불성실한 데는 나름의 이유가 있습니다. 바로 나아질 기미가 보이지 않는 경제 상황으로 인한 무기력감 때문입니다. 인간은 의지나 노력으로 상황을 바꿀 수 없다고 느낄 때 무기력해지는 존재입니다. 이런 상황이 부당하다고 느끼지만 달리 할 수 있는 일이 없기 때문에 도피나 불성실한 태도를 보이는 것이죠.

하지만 언제까지나 이런 문제 속에 갇혀 살 수는 없는 법! 재무 관리의 한 가지 원칙만 꿋꿋하게 지키면 희망은 있습니다. 그 한 가지 원칙은 재무 관리의 기본을 성실하게 수행하는 것입니다. 여기서 말하는 재무 관리의 기본은 돈을 벌고, 모으고, 쓰는 것입니다. 그런 다음에 할 일은 불리고, 나누는 것입니다. 모아는 전자를 착실하게 잘했지만 무리해서 돈을 불리려다 실패한 케이스입니다. 이런 경험을 통해 교훈을 얻으면 앞으로는 분명 더 잘할 수 있을 것입니다.

그리고 또 한 가지 중요한 것은 소비에 대한 마인드입니다. 목돈을 쓸 일이 있다면 미리 계획하고 준비하는 습관을 들여야 합니다. 청년층이 가장 어려워하고 실천하지 못하는 것이 바로 이 부분입니다. 저축을 통해 쓸 돈을 모으는 습관을 들이는 것은 정말 중요합니다. 예를 들어 차를 사고 싶다면 차를 현금으로 살 수 있는 돈을 저축해야 합니다. 무턱대로 할부로 질러버리고 나중에 수습하겠다고 생각해서는 안 됩니다. 그래서는 제대로 된 재무 관리의 틀을 세울 수 없습니다.

결과적으로 재무 관리의 바람직한 습관은 저축과 연결됩니다. 수익성보다는 안정성에 초점을 맞춰 계획한 액수만큼 적금과 예금을 하는 것이 재무 관리의 첫걸음입니다. 성급하게 돈을 불릴 생각으로 위험한 투자를 하거나 저축액을 너무 무리하게 잡으면 돈 관리를 쉽게 포기하게 됩니다. 꾸준하게 실천할 수 있는 수준으로 저축 목표를 잡는 것이 중요합니다. 목표대로 완주해보는 경험을 하고 나서 저축액을 늘리는 것이 재무 관리를 성공적으로 이끌 전략입니다.

결혼,
똑똑하게 준비하세요

직장인이 평일을 버틸 수 있게 해주는 힘이자 오아시스! 주말이 돌아왔다. 남자 친구와 모처럼 데이트를 하기로 한 모아는 가슴이 설렜다. 약속 시간 두 시간 전부터 옷을 고르고, 화장을 하고, 머리를 손질했다.

약속 장소에 가보니 언제나처럼 남자 친구가 먼저 와서 모아를 기다리고 있었다. 모아의 남자 친구는 모아처럼 평범했지만 속이 깊고 착했다. 계산에 밝은 모아라면 남자도 조건을 따지고 고를 거라고 생각하는 사람도 있었지만 사실은 그렇지 않았다. 모아와 남자 친구는 대학 때부터 사귀었고, 두 사람은 결혼까지 생각하고 있었다.

"어디 갈지 생각했어? 알아서 하겠다고 했잖아."

남자 친구의 물음에 모아는 웃으며 대답했다.

"배고프지 않아? 밥부터 먹자."

모아는 남자 친구를 이탈리안 레스토랑으로 데려갔다. 메뉴판을 보던 남자 친구는 고개를 갸웃했다.

'모아가 웬일로 이런 데를 오자고 했지? 밥값이 만 원만 넘어가도 싫어하는 애가…….'

남자 친구는 모아의 표정을 살폈다. 하지만 모아는 뭐가 그리 기분이 좋은지 생글생글 웃으며 말했다.

"먹고 싶은 걸로 시켜. 가격은 상관하지 마."

파스타와 피자를 고른 두 사람은 종업원을 불렀다. 모아는 자신 있게 메뉴 두 가지를 말하며 낡은 지갑에서 종이 한 장을 꺼내 내밀었다.

"블로그 리뷰 쓰기 신청해서 받은 무료 시식권이에요. 이거 여기서 쓸 수 있죠?"

남자 친구는 그제야 모아가 평소보다 기분이 좋은 이유를 알 수 있었다.

'그럼 그렇지, 저 짠순이가!'

"아, 배부르다. 공짜라서 더 맛있는 거 같지 않아?"

그런데 남자 친구의 표정이 그리 밝지 않았다. 평상시에는 모아가 궁상맞게 굴어도 이해해주고, 모아가 좋아하면 같이 좋아해주었는데, 오늘은 어딘가 모르게 표정이 떨떠름

했다.

다음 코스도 기프트콘과 포인트의 연속이었다. 친구가 선물해준 스타벅스 기프트콘으로 아메리카노 두 잔을 마셨고, 열심히 쌓은 포인트로 영화를 보았다.

'데이트가 매일 오늘 같으면 얼마나 좋아. 돈 안 들이면서 밖에서 신나게 놀고!'

그렇게 생각하자 모아는 뿌듯했다. 이대로라면 결혼 자금도 얼른 모을 수 있을 것만 같았다.

그때 남자 친구가 모아에게 말했다.

"모아야, 우리 어디 조용한 데 가서 이야기 좀 하자."

"조용한 데 어디?"

"술 한잔해도 좋고. 일단 어디 들어가자."

"술? 갑자기 무슨 술이야. 여기 근처에 공원 있어. 그리로 가자!"

남자 친구는 조용한 실내로 들어가고 싶었지만 모아의 고집을 알아서 어쩔 수 없이 공원으로 따라갔다. 남자 친구는 한동안 뜸을 들이다가 낮은 톤으로 말했다.

"모아야, 너 이번에는 내가 뭘 하든 토 달지 말아줘. 알았지?"

"왜 그래. 무슨 일 있어?"

남자 친구는 가방에서 상자 하나를 꺼냈다.

"이거 출장 다녀오면서 면세점에서 너 생각나서 하나 샀어. 근데 비싸네, 어쩌네 하면 나 정말 화낼 거야."

"뭔데? 명품이야?"

모아는 남자 친구를 바라보며 상자를 열었다. 상자 안에는 유명 브랜드의 여성용 반지갑이 들어 있었다. 그러지 않으려고 했지만 모아의 입에서 반사적으로 "비싸겠다"라는 말이 튀어나왔다.

"나 지갑 있는데. 아무리 면세점에서 샀다고 해도 비쌀 거 아니야"

"그냥 좀 받아. 너 지금 쓰고 있는 지갑, 대학 때부터 들고 다니던 거잖아. 계속 사주고 싶었어."

"그럼 그냥 싼 거 사주지. 이거 면세점에서 샀으면 환불도 못 받지?"

"아, 내가 그런 소리 하지 말랬지!"

모아는 큰소리 낸 적이 거의 없는 남자 친구가 갑자가 톤을 높이자 깜짝 놀랐다.

"내가 너 이럴 거 알아서 사면서도 마음이 불편했어. 네가 야무진 건 아는데, 이런 건 좀 그냥 받으면 안 되냐?"

모아는 뒤늦게 미안하다고 사과했지만 남자 친구는 화가 났는지 혼자 가버렸다. 모아는 집으로 돌아가는 길에 아라에게 전화를 걸어 하소연했다.

"난 네 남자 친구 기분 이해되는데? 아직 연애 중인데 여편네처럼 그러지 좀 마. 나이도 어린 애가 왜 그래? 그리고 자꾸 결혼 걱정 좀 하지 마. 까놓고 말해서 걔가 너랑 결혼할지, 안 할지 어떻게 알아?"

냉정한 아라의 말에 충격을 받은 모아는 억울한 마음에 언성을 높였다.

"언니 진짜 왜 그래? 다른 사람은 몰라도 언니는 알 거 아냐! 결혼 자금 모으는 게 그렇게 쉬워?"

상품 선택보다 습관이 먼저다!

인생에서 목돈이 필요한 이벤트는 네 가지가 있습니다. 결혼, 내 집 마련, 자녀 교육, 노후 준비가 바로 그것이죠. 이 중 시기상 가장 먼저 이루어지는 이벤트는 결혼입니다. 그래서 결혼 자금은 취업과 동시에 준비해야 하죠. 하지만 이제 막 취업한 데다가 목돈을 만들어본 경험이 없는 사회 초년생들은 결혼 자금 모으는 것이 그저 막연하게 느껴집니다. 인생의 동반자를 일찍 만난 모아와 남자 친구는 어찌 보면 상당한 행운을 거머쥔 셈인데요. 결혼은 운이 아니라 자금이 필요한 이벤트입니다. 그래서 돈에 연연하는 모아의 모습이 충분히 이해되기도 합니다.

그럼 결혼 자금을 마련하는 방법을 알아보기에 앞서 결혼을 할 때 필요한 금액이 대략 어느 정도인지 알아볼까요? 한 결혼 정보 업체가 진행한 조사에 따르면 최근 2년 내 결혼한 신혼부부가 결혼 비용으로 쓴 돈은 약 2억 6천만 원이라고 합니다. 가장 큰 비중을 차지한 건 역시 주택입니다. 평균 2억 원 가까운 금액이 들어 전체 결혼 비용의 70%를 차지한다고 합니다. 그 다음으로 많은 비중을 차지한 예식장 비용은 평균 2,081만 원, 예물 구매 비용은 평균 1천 8백만 원이었습니다. 두 사람이 함께 마련한다고 해도 결코 만만찮은 금액이죠.

결혼 자금을 마련하기 위해서는 단기간(1~2년) 동안 집중해야 합니다. 그리고 '지출을 줄이고 효율적으로 관리해 마련한 여유 자금을 모아 결혼 자금을 마련한다'라는 목표에 도달해야 합니다. 이때 중요한 것은 목표액입니다. 결혼 자금은 말 그대로 결혼을 목표로 모으는 자금인 만큼 목표치를 미리 설정해둬야 합니다. 결승점이 어디인지 알고 달리는 것과 모르고 달리는 것은 천지 차이입니다. 목표액을 정해야 힘을 낼 수 있고 동기 부여 효과도 얻을 수 있습니다.

또한 나도 모르게 새 나가는 돈을 잡아야 합니다. 그래야 지출을 조금이라도 더 효율적으로 통제할 수 있습니다. 예를 들면 2030세대는 한 달 통신비를 많이 씁니다. 현재 사용하고 있는 휴대폰 요금제가 내게 맞는지 따져서 조정하는 디테일한 전략이 필요합니다.

통신비 외에도 불필요한 지출이나 충동적인 지출은 없는지, 나도 모르게 새 나가는 돈은 없는지 꼼꼼하게 확인하고 관리하세요. 그런 돈만 막아도 투자 상품에 투자하는 것 이상의 효과를 얻을 수 있습니다. 지출 패턴을 분석하고 한 달 지출을 정리해주는 가계부 어플리케이션을 활용하는 것도 좋습니다.

자, 지금부터 본격적으로 목돈 마련 방법을 알아보겠습니다. 사회 초년생은 재무 관리에 있어서 미숙하고 일정한 월급으로 생활하는 경우가 많아 하루아침에 큰돈을 모으기가 쉽지 않습니다. 따라서 미리 계획을 세우고 저축 습관을 확립하는 것이 중요합니다. 여기에 금융 상품에 꾸준히 관심을 갖고 돈을 불리고, 나누는 과정을 거치면 금상첨화입니다.

일단 안전하게 목돈을 마련하기 위해서는 적금을 이용하는 것이 좋습니다. 그런데 이때 안전하게 목돈을 마련한다는 것은 이자가 그렇게 많지 않다는 뜻이기도 합니다. 그렇다고 해서 적금이 매력 없다고 생각하고 제외시켜버리면 안 됩니다. 적금에 가입하는 것은 단기간에 목돈을 모으기 위함이지 많은 이자를 받기 위함이 아닙니다.

이때 만기 기간을 1년 혹은 6개월로 짧게 설정하는 것이 좋습니다. 만기가 되었을 때 '내가 이만큼이나 모았어?'라는 성취감을 느끼면 동기 부여가 되기 때문입니다. 재무 관리는 이러한 동기 부여와 목돈 만드는 재미를 아는 데서 시작합니다.

적금과 더불어 단기간에 목적 자금을 만드는 데는 적립식 펀드가 유리합니다. 우선 정기 적금의 확정 금리로 안전하게 목돈을 마련하세요. 동시에 일정 기간 시간을 두고 자금을 불입하는 적립식 펀드로 리스크를 줄이고 기대 수익률을 높이세요. 이때 적립식 펀드는 과거 수익률만 보거나 주위에서 추천한다고 가입하지 말고 본인이 직접 상품을 꼼꼼하게 따져보기 바랍니다. 가입 시 목표 수익률을 정하고 수익률에 도달했을 때 문자 메시지를 보내주는 서비스를 이용하면 수익과 리스크를 더욱 효율적으로 관리할 수 있습니다.

1. 재무 설계의 디딤돌이 될 수 있는 집을 골라라. 일정 규모의 수익 목표를 정해두고 같은 금액이면 투자 가치가 있는 집을 골라야 한다. 당장의 편안함보다는 다소 불편하더라도 미래의 투자 가치를 따지는 것이 좋다.

2. 주택 자금이 넉넉하지 않을 때는 무리하게 특정 지역을 고집할 필요가 없다. 서울이 아니면 안 된다는 생각을 버려라.

3. 자금을 마련하는 방법도 중요하다. 무리하게 대출받아 신혼집을 장만하는 것은 피해야 한다.

4. 전셋집을 얻을 때에는 현장 방문을 통해 건물의 구조, 면적, 통풍, 일조권, 조망권, 주변 환경, 교통 환경까지 꼼꼼히 살펴봐야 한다.

5. 전셋집에 여러 가구의 임차인이 있는 경우에는 전용 부분과 공용 부분의 사용 관계를 명확히 구분해야 한다. 집이 비어 있지 않은 경우에는 명도 일자를 확실하게 정해야 한다.

6. 등기부를 열람해서 부동산 소유자를 확인해야 한다. 임차인을 해칠 우려가 있는 선순위 권리(근저당권, 가압류, 가처분 등)가 없는 주택에 전셋집을 얻는 것은 기본 중에 기본이다. 이후 전입 신고와 함께 확정 일자를 꼭 받아둬야 한다.

사회 초년생의
재테크

　"김 대리님, 오늘 점심 식사 어디서 하세요? 저도 데리고 가세요."

　모아의 말에 직원들은 모두 깜짝 놀랐다. 어리둥절해서 서로의 얼굴을 바라보고 있는데, 김 대리가 모두가 궁금해하는 걸 대표로 물어봐주었다.

　"모아 씨, 도시락 안 싸왔어?"

　"어제 잠이 좀 부족했거든요. 귀찮아서 오늘은 사 먹으려고 그냥 왔어요."

　"모아 씨가 그럴 때도 있어?"

　"하하! 그럼요, 대리님."

　예전 같았으면 모아는 밥값이 아까워 편의점에서 대충 때

웠을 것이다. 하지만 이제는 그러지 않기로 했다. 도시락을 먹되, 도시락을 준비하지 못했거나 귀찮은 날엔 너무 부담되지 않는 선에서 동료들과 함께 사 먹기로 했다.

남자 친구와 데이트를 할 때도 조금 달라졌다. 카톡으로 먼저 데이트 코스를 제안하기도 했다.

'주말에 강릉으로 놀러 갈까? 오랜만에 바닷바람도 쐬고 좋을 것 같은데.'

남자 친구는 당황스러웠지만 모아의 변화가 싫지 않았다.

'강릉? 너 멀리 가는 거 싫어하잖아.'

'차비 때문에 그랬지. 강릉 정도는 괜찮아. 요즘 카셰어링 많이 하던데, 우리도 그거 해볼까? 돈도 많이 안 든대.'

'네가 웬일이야? 이제 짠테크 안 해?'

'왜 안 해. 하긴 할 거야. 근데 방법을 살짝 바꾸기로 했어.'

모아가 이렇게 달라진 것은 머니 닥터와의 상담 덕분이었다. 모아는 그동안 이른바 짠테크라고 하는, 무조건 아끼고 보는 습관에 젖어서 살았다. 그러자니 돈에 지나치게 집착하고 불안감도 컸다. 무엇보다 단시간에 빨리 돈을 모으고 싶다는 조바심이 들었다.

"모아 씨는 재무 관리 의지도 강하고, 행동력도 강해요. 공부도 열심히 하고 있고요. 그런데 금전 마인드에 조금 문제가 있어요. 10원이라도 더 아껴야 돈을 모을 수 있다고 생각하세요? 물론 아끼는 습관은 정말 좋아요. 그런데 모아 씨는 이제 출발선에 선 사회 초년생이잖아요. 갈 길이 얼마나 멀어요. 먼 길을 갈 땐 페이스 조절이 중요해요. 속도를 낼 땐 내더라도 숨을 고르는 구간도 필요해요. 사치를 하라는 게 아니라 스트레스를 받지 않는 선에서 소비도 하길 바라요. 그래야 돈에 강박을 갖지 않으면서 재무 관리를 오래, 꾸준히 할 수 있어요."

아끼는 것만이 능사인 줄 알았던 모아는 머니 닥터의 조언으로 큰 깨달음을 얻었다. 모아는 빨리 목표에 도달하고 싶어 무리를 해서라도 돈을 불리는 것이 옳다고 생각했다. 그런데 그 방법이 장기적으로 봤을 때는 실이 더 많을 수 있다는 것을 알게 되었다.

"스트레스 비용이라고 들어보셨어요? 20대들은 복잡하다는 이유로, 골치가 아프다는 이유로 재무 관리를 소홀히 하는 경향이 있어요. 할 일도 많고 하루하루 사는 것도 힘든데 무슨 재무 관리까지 하느냐는 마인드를 가지고 있죠. 이럴 땐 재무 관리를 하면서 종종 스트레스를 풀어줄 필요가 있어요. 형편에 맞춰 적당히 스트레스 비용을 쓰는 것은 재무 관리에 큰 도움이 됩니다."

모아는 머니 닥터의 말이 일리가 있다고 생각한 후부터

조금 달라졌다. 이전에는 앞뒤 재지 않고 무조건 짠테크를 실천했다면 이제는 자신에게 작은 즐거움을 허용하기로 마음먹었다.

'내가 좋아하는 게 뭐지? 어떤 걸 하면 스트레스가 풀릴까?'

고민 끝에 모아가 생각해낸 것은 일주일이 한두 번은 동료들과 식사하며 수다를 떠는 것, 그리고 한 달에 한 번 정도는 카셰어링을 이용해 남자 친구와 가까운 곳으로 드라이브를 가는 것이었다.

처음에는 이렇게 하나둘 지출을 늘리다가 씀씀이가 커져버리는 게 아닐까 걱정했지만 지금은 오히려 머니 닥터의 조언을 따르길 잘했다는 생각이 들었다.

'그래! 이번 기회에 많은 걸 배웠어. 전문가를 만났으니 앞으로는 효과적으로 재무 관리를 할 수 있을 거야. 아직 젊으니까 앞으로 얼마든지 해낼 수 있어! 내 가능성을 믿자, 돈모아!'

모아는 이렇게 다짐하고 어깨를 편 채 당당히 걸었다. 정말 잘할 수 있을 것 같은 희망이 보였다.

빨리 가려 하지 말고 멀리 가라!

요즘 홧김 비용, 멍청 비용, 쓸쓸 비용 등의 신조어가 유행하고 있습니다. 한 번쯤 들어본 적 있으시죠? 우리는 종일 일에 치여 너무 힘들 때 도무지 지하철이나 버스를 탈 수 없을 것 같아 택시를 타고 집에 가기도 하고, 계획 했던 일이 잘 풀리지 않을 때 친구들과 비싼 음식을 사 먹기도 합니다. 화나 짜증이 났을 때 스트레스를 풀고자 지출하는 돈을 홧김 비용이라고 합니다.

그렇다면 멍청 비용과 쓸쓸 비용은 무엇일까요? 멍청 비용은 자신이 조금만 주의를 기울였으면 쓰지 않았을 돈을 말합니다. 미리 현금을 찾아놓지 않아 ATM 기기에서 급하게 돈을 출금할 때 내는 비싼 수수료, 예매해둔 티켓을 빨리 취소하지 않아 무는 위약금이 바로 멍청 비용입니다. 쓸쓸 비용은 말 그대로 쓸쓸함을 잊기 위해 쓰는 돈입니다. 혼자 영화를 보거나 여행을 떠나거나 반려동물을 키우는 데 드는 비용이 이에 해당하죠.

이런 신조어들을 통해 20대들이 스트레스나 외로움, 분노 같은 감정을 돈으로 해소한다는 것을 알 수 있습니다. 청년의 삶이 얼마나 팍팍한지 보여주는 사례이기도 합니다. 그런데 하루라도 빨리 종잣돈을 모으고 싶다고 이런 비용도 아껴야 할까요?

저는 그렇게 생각하지 않습니다. 적게나마 비용을 써서 스트레스를 해소하고 위로를 받아야 꾸준히 재무 관리를 할 수 있다고 생각합니다. '무조건 돈을 모아야'라고 생각하면 무리가 따를 수 있습니다. 사회 초년생들은 재무 관리를 할 때 빨리 가는 것이 아니라 멀리 가는 것이 훨씬 중요합니다. 그 점을 잊지 말고 재무 관리에 임하기 바랍니다.

그러면 지금부터 사회 초년생에게 필요한 재무 관리의 핵심을 짚어드리겠습니다. 사회 초년생 때 해야 하는, 가장 중요한 재무 관리 목표로 꼽히는 것은 '종잣돈 만들기'입니다. 비록 월급이 많지 않다 해도 종잣돈을 만들어야 합니다. 사회 초년생 시절부터 꾸준히 소득을 관리해 종잣돈을 만들어두면 나중에 투자 기회가 왔을 때 자산으로 활용할 수 있기 때문입니다.

사회 초년생들이 종잣돈을 모으기 위해 대표적으로 찾는 상품은 바로 정기 적금입니다. 정기 적금은 매월 일정 금액을 예금하는 조건으로 보통 예금 상품보다 이율을 조금 더 쳐주는 상품이죠. 중도에 해지하지 않는 이상 출금을 할 수 없고, 원금 손실의 위험이 없다는 것이 장점입니다. 이제 막 재무 관리를 시작한 이들이 꾸준하게 유지하기 좋습니다. 여기서 중요한 것은 이율이 낮다고 적금을 기피하지 말아야 한다는 것입니다. 저축은 습관이므로 이율보다 중요한 것이 바로 습관을 정착시키는 일입니다.

저축 습관이 자리 잡혔으니 투자를 하고 싶다면? 이때 주의해야 할 사항은 안정적으로 운영할 수 있는, 소액 투자가 가능한 상품에 투자하는 것입니다. 투자에 대한 관심을 높이고 공부한다는 생각으로 차근차근 해보는 것이 좋습니다.

투자를 할 때는 최소 3~7년 정도의 기간을 두고 준비하십시오. 적금의 2~3배 수준인 연 4~6% 정도 수익률을 목표로 잡으면 무난하게 목표를 달성할 수 있을 것입니다. 이렇게 충분히 경험을 해보고, 훗날 다른 수단으로 투자를 도모하는 것이 바람직합니다.

사회 초년생에게 추천할 만한 상품은 중위험·중수익형 투자 상품입니다. 주가연계증권(ELS), 혼합형 펀드, 하이일드 채권형 펀드가 이에 속합니다. ELS는 원금을 최대한 보존하면서 원금 일부를 주식 상품에 투자해 수익을 내는 상품입니다. 하이일드 채권형 펀드는 비우량 채권에 투자해 수익을 내는 펀드 상품으로, 일반적으로 우량하지 않다고 보기 때문에 위험하다고 인식될 수 있습니다. 사실 이 상품은 비우량 회사의 채권을 펀드라는 바구니 안에 다양하게 모아놓았기 때문에 중위험·중수익 상품이라고 봐야 합니다.

리스크 관리는 어떻게 해야 할까요? 사회 초년생 때 대비해야 할 리스크는 대출 금리 상승에 따른 학자금 대출 이자 부담, 투자 상품에서의 원금 손실 위험성 등이 있습니다. 따라서 금리가 인상될 것으로 예상되는 시기에는 저축 후에 학자금 대출부터 빨리 갚으십시오.

또 한 가지! 종잣돈을 모으는 것만큼이나 밖으로 새는 돈을 막는 것도 재무 관리에 있어서 중요한 일입니다. 연말정산을 대비해 소비 습관을 들이거나 세금이 공제되는 항목들을 미리 알아두면 세금이 새는 것을 막을 수 있습니다. 사회 초년생은 신용카드보다 체크카드를 사용하는 것이 유리합니다. 신용카드는 연말공제 시 3백만 원 한도 내에서 15%를 공제받을 수 있습니다. 하지만 체크카드는 30%로, 두 배나 더 공제해줍니다. 또 보험을 가입할 때도 세금 공제를 받을 수 있습니다. 실손의료보험, 정기보험, 상해보험, 건강보험 등 보장성 보험은 연말정산 시 1백만 원 한도 내에서 12%까지 세액을 공제해줍니다.

사회 초년생들이 잊지 말아야 할 것이 또 한 가지 있는데요. 바로 월세 세금 공제입니다. 750만 원 한도 내에서 주거용 오피스텔, 고시원, 원룸 등 월세 지급액의 총 10%를 공제받을 수 있습니다. 대학원을 다니고 있거나 직업훈련을 위한 교육을 받았다면 해당 비용은 전액 세금 공제 대상이므로 연말정산 시 꼭 챙겨야 합니다.

이렇게 다양한 방법으로 재무 관리를 충실히 실행했다면 그보다 더 중요한 것이 남아 있습니다. 바로 점검! 적어도 연 1회 정리 점검을 할 것을 권합니다. 내가 가입한 금융 상품이 어떤 것이 있고, 수익률이 얼마인지, 만기가 언제인지, 보험료의 월 납입액이 얼마이며 누락되진 않았는지 체크할 필요가 있습니다. 만약 적립식 펀드 등 고위험 상품에 가입했다면 적어도 분기별로 한 번씩은 수익률을 체크해봐야 합니다. 수익률 상황에 따라 만기 전에 펀드에 추가 투자하거나 중도 환매할 수 있도록 중간 점검을 꼭 해보세요.

1. 주 거래 은행을 이용하라

인터넷 은행에 비해 번거롭긴 하지만 주 거래 은행을 이용하면 다양한 혜택을 받을 수 있다. 특히 회사에서 거래하는 주 거래 은행을 이용하면 추후 대출이 필요할 때 금리를 0.1% 포인트라도 낮게 적용받을 수 있다.

2. '부모님이 알아서 해주시겠지' 하는 마음을 버려라

저금리 시대이므로 부모님 세대와는 다른 투자 상품에 관심을 가져야 한다. 은행에서 예 · 적금만 이용하던 부모님 세대와는 다른 방식으로 은행에 접근하고, 다양하게 활용할 필요가 있다.

3. 계획적인 소비가 중요하다

용돈처럼 적은 돈만 관리하다 갑자기 고정적인 수입이 생기면 과한 소비를 할 수도 있다. 월급의 최소 50%는 저축하고, 그 후에 소비를 해야 한다.

4. 금융 상품에 가입하기 전에 투자 성향부터 파악하라

은행, 증권의 모바일 뱅킹을 이용해 자신의 투자 성향을 체크한 뒤 그에 맞는 상품을 선택해야 한다.

5. 수입 분배를 어떻게 할지 고민하라

3~4년 후에 필요한 결혼 자금을 우선적으로 준비하고, 결혼 후에는 연금을 고려해야 한다. 20대의 경우 50% 이상은 저축, 5%는 보험, 나머지는 소비하는 패턴을 추천한다.

청춘이여,
미래에 투자하라

'이게 뭔데 이렇게 인기지?'

모아는 퇴근 후에 페이스북에서 수천 회 넘게 공유되며 인기를 끈 게시물을 살폈다. 글의 주인공은 경제학과를 졸업하고 금융 기관에 재직 중인 40대 남성이었다. 그는 수년간 직장 생활과 사이버대학 생활을 병행한 끝에 컴퓨터공학 학사학위를 취득해 공학사가 됐다. 그의 글은 SNS에서 금세 화제를 모았고, 댓글도 많이 달렸다.

'와, 대단하세요. 님처럼 공부하고 싶어요.'

'직장 다니면서 공부하는 방법 좀 공유해주세요.'

'학위 가지고 앞으로 무엇을 하실 계획인가요?'

이런 질문을 하는 사람들은 이른바 직딩이었다. 이미 사회생활을 하고 있지만 현실에 만족하지 않고 자신의 길을 개척하고 싶은 사람들이 많았다.

'다들 자기계발 욕구가 대단하구나!'

모아도 사람들의 생각에 동의했다. 취업을 했어도 자기계발을 위해 평생 공부해야 하는 시대가 아닌가. 빠른 시대 흐름과 기술 발전 속도에 뒤처지지 않으려면 평생 공부하는 방법밖에 없었다.

점심시간에 김 대리와 식사를 하며 이야기를 나눠보니, 회사 내에서도 퇴근 후에 시간을 내 공부하는 사람이 적지 않았다.

"난 원래 퇴근하고 영어학원에 다녔는데, 얼마 전에 그만뒀어. 지금은 집에서 인터넷 동영상으로 경영학 강의를 수강하고 있어."

"경영학이요? 왜요?"

"이젠 외국어보다 경영학이 대세래. 승진이나 이직이 도움이 될 것 같아서."

호기심이 생긴 모아는 이것저것 질문을 쏟아냈다.

"대리님, 국문과 나오지 않으셨어요?"

"맞아. 내가 경영학에 대해 뭘 알겠어. 상식이 없으니까 마케팅 일도 너무 어렵더라. 처음엔 정말 무슨 소리인지 하나도 모르겠어서 머리가 아팠는데, 지금은 공부한 게 조금

도움이 되는 것 같아. 업무 처리할 때 이해가 빨라졌어."

"저도 자기계발을 하긴 해야 하는데, 뭘 어떻게 해야 할지 막막해요. 사실 비용 걱정도 많이 되고요."

모아의 고백에 김 대리는 조언을 해주었다.

"그럴 때는 누군가를 멘토로 삼아봐."

"멘토요?"

"그래. 성공한 사람들에게는 멘토나 스승이 있어. 그런 사람들은 자기 노하우를 공개하고 강연도 많이 하잖아. 그들의 조언을 귀담아 듣고 활용하면 좋지. 직장에서도 마찬가지야. 선배를 잘 만나는 게 얼마나 큰 복인데."

자세히 이야기를 들어보니 김 대리도 멘토가 있었다. 김 대리는 멘토의 강연을 찾아가 인사도 하고 질문도 했다. 또한 SNS로 접촉하기도 했고, 인터뷰 기사나 책을 찾아보기도 했다.

"모아 씨, 혹시 운동하는 거 있어?"

"운동이요? 운동은 안 하는데요."

"젊을 때는 야근해도 멀쩡해. 근데 나이 들수록 체력이 중요해. 체력이 떨어지면 일에 능률도 안 오르고 졸려서 일을 할 수가 없어. 나는 주말에 수영을 하는데, 몸이 건강해야 좋은 생각도 떠오르고 긍정적으로 살 수 있는 것 같아. 체력 관리는 필수야."

모아는 김 대리의 말을 듣고 자신은 너무 집과 회사만 오
갔다는 생각이 들었다.

"부끄럽지만 이렇게 치열하게 자기계발을 해야 하는지 몰
랐어요."

"모아 씨, 돈 많이 벌고 싶지?"

"네? 그야 당연히……."

"모아 씨는 절약도 잘하고 엄청 성실한 것 같아. 그것도
좋지만 몸값을 올리기 위한 노력도 해야 해. 빨리 시작할수
록 좋아."

"오늘 좋은 말씀 정말 고마워요, 대리님. 오늘부터 제 직
장 내 멘토는 대리님이세요."

"좋아. 내가 아는 범위에서 잘 알려줄 테니까 궁금한 거
있으면 언제든 물어봐."

이야기가 마무리될 무렵, 점심시간도 끝나가고 있었다.
두 사람은 웃으며 식당을 나왔다.

머니 닥터의 처방

자기계발, 선택이 아닌 필수다

직장인을 의미하는 '샐러리맨(salaried man)'과 학생을 의미하는 '스튜던트(student)'가 결합된 '샐러던트(saladent)'는 직장을 다니며 경쟁 사회에서 살아남기 위해 새로운 분야를 공부하는 이들을 일컫는 신조어입니다. 직장인들이 자신의 분야에서 전문성을 높이기 위해 공부를 하는 풍조가 점점 더 강해지고 있다는 것을 알 수 있습니다.

전에도 샐러던트와 비슷한 의미의 이른바 평생교육이라는 것이 있었습니다. 그런데 두 단어는 의미가 다릅니다. 평생교육이 단순히 학습이 계속되는 것을 의미한다면 샐러던트는 불안한 미래에 대비하려는 직장인들의 자기계발이라고 볼 수 있습니다.

고용노동부의 통계에 따르면 대한민국 직장인 10명 중 6명이 샐러던트라고 합니다. 샐러던트가 한 달 평균 자기계발에 투자하는 비용은 16만 원이 넘는다고 하네요. 취업하는 것도 너무 힘들었는데 직장을 다니면서도 공부를 해야 할 필요가 있을까요?

샐러던트가 늘고 있는 데에는 나름의 이유가 있습니다. 고용 불안이 가장 큰 이유죠. 요즘에는 평생직장이라는 개념이 존재하지 않습니다. 직장인의 생존 경쟁이 취업 준비생의 경쟁만큼이나 치열하다는 것을 반드시 알아두어야 합니다.

그렇다면 어떻게 해야 자기계발을 효과적으로 할 수 있을까요? 우선 명확한 목표가 있어야 합니다. 그래야 현재 자신의 상황을 제대로 파악하고 세밀한 계획을 세울 수 있습니다. 예를 들어 진급이 목표라면 업무 관련 자격증을 취득하는 것이 좋겠죠? 또 퇴직 이후의 삶을 준비하고 싶다면 내가 잘하고 좋아하는 일이 무엇인지 생각해보고 도전할 수 있어야 합니다.

자기계발도 재무 관리와 비슷합니다. 목표가 정해지면 계획을 세워야 합니다. 거창한 계획보다는 꾸준히 실행할 수 있는 계획이 좋습니다. 그러려면 계획을 하루 단위나 주 단위로 나누는 것이 좋습니다. 하지만 이렇게 계획을 세웠다 해도 많은 업무를 처리하며, 야근과 회식, 출장 등을 수행하며 따로 시간을 내 계획대로 실천하는 것은 결코 쉬운 일이 아닙니다.

계획을 꾸준히 실행할 방법은 없을까요? 계획대로 잘했다는 생각이 들면 스스로에게 작은 보상을 하는 방법이 있습니다. 이때 주의할 점은 보상이 너무 크면 안 된다는 것입니다. 그렇지 않으면 보상 자체가 목적이 될 수 있습니다. 반대로 보상이 너무 적으면 목표 달성 의지가 떨어질 수 있습니다. 무엇이든 '적당히'가 좋습니다.

끝으로 주의해야 할 것은 본업보다 자기계발을 우선으로 삼으면 안 된다는 것입니다. 자기계발에 너무 많은 시간을 쏟아 업무에 소홀해지는 일은 없어야 합니다. 자기계발은 업무 능력을 높이고, 나아가서는 연봉을 올리거나 다른 직업을 갖기 위한 수단입니다. 본업과의 균형을 잘 잡지 못하면 업무에 집중하지 못해 오히려 성과를 떨어뜨리는 일이 발생할 수 있습니다. 본업에 충실하되 업무 능력을 올리고 만족감을 높일 수 있도록 하는 것이 좋습니다.

욜로 열풍에 이어 이제는 일상에서 실현 가능한 별것 아닌 행복, 작지만 확실한 행복, 이른바 '소확행'이 인기를 끌고 있습니다. '직장이 나의 전부가 될 수 없다'라는 생각과 다양한 것을 배움으로써 삶의 질을 높이고 싶은 직장인들의 욕망이 반영된 단어인 것 같습니다. 자기계발로 능력치도 올리고 작지만 확실한 행복까지 맛보는, 두 마리 토끼를 한 번에 잡는 여러분이 되길 바랍니다.

04

부모님 story

노후 30년,
이리 힘들 줄이야

엄마!
보험을 왜 이렇게 들었어?

　새벽 두 시. 주리는 오늘도 밤샘 작업에 열을 올렸다. 최근에 번역 아르바이트를 시작했기 때문이다. 예전에는 번역이 투자 시간 대비 돈이 되지 않는다고 일감이 들어와도 거절했는데, 이제는 자투리 시간을 활용해 일을 해보기로 마음먹었다. 주리는 언제까지 수익이 있을지 알 수 없는 프리랜서이기 때문에 돈을 벌 수 있을 때 벌어두는 게 좋겠다고 생각을 바꿨다.

　그때, 휴대폰 진동음이 요란하게 울렸다.

　'이 시간에 누가 전화를 한 거야?'

　새벽에 걸려오는 전화는 왠지 불안했다. 더군다나 발신자가 아빠였다. 주리의 가슴속에 불안감이 솟구쳤다. 하지만 담담한 척 전화를 받았다.

"아빠, 이 시간에 웬일이세요?"

하지만 수화기 너머에선 아빠의 목소리가 들리지 않았다. 야외인지 자동차 소음과 불규칙한 소음이 한꺼번에 들렸다. 그리고 아빠의 한숨 소리도. 주리는 설마 아빠가 울고 있는 건가 생각했는데, 그 생각이 맞았다.

"아빠, 지금 우시는 거예요?"

주리는 너무 당황스러웠다. 별안간 온갖 나쁜 생각이 머릿속에 떠올랐다.

"주리야!"

"네, 아빠! 왜 그러세요?"

"주리야, 나 어쩌니. 너희 엄마 없으면 나 어떻게 살아?"

아빠는 술에 취한 상태였다. 주리는 너무 불안하고 이 상황을 감당하기 힘들어 아빠를 마구 다그쳐 자초지종을 털어놓게 했다. 아빠는 엄마가 위암 판정을 받았다고 말했다. 주리는 눈앞이 깜깜했지만 마음을 가다듬고 동생들에게 소식을 알렸다.

불행 중 다행인지 엄마의 병세는 그리 위중하지 않았다. 의사는 수술을 받고 회복을 잘하면 얼마든지 건강을 되찾을 수 있다고 했다. 하지만 그렇다 해도 모든 걱정을 걷어낼 순 없었다. 집안의 중심인 엄마가 편찮으시다니! 그것도 암이라니! 이제 걱정거리가 없을 줄 알았던 세 자매는 다시 시름에 잠겼다.

다음 날 점심시간, 주리는 모아의 회사 앞으로 찾아갔다.

"이따 저녁에 아라랑 같이 집에 가기로 했어. 너도 일찍 퇴근해서 와."

"그래, 언니. 미안해. 나는 한집에 살면서 엄마 아픈 것도 몰랐어. 원래 위가 안 좋으시니까 그것 때문인가 했지."

"네가 죄인처럼 그럴 거 없어. 우리 셋이 같이 부모님 안심하실 수 있게 잘 다독여드리자. 참, 그리고 우리 가기 전에 네가 집에 있는 보험 증권 싹 다 찾아서 꺼내 놔."

"보험 증권은 왜?"

"보험부터 체크해봐야 대책이 서지."

그 날 저녁, 돈가네 식구는 한자리에 모였다. 모두 가슴속에 걱정과 불안이 가득했지만 서로를 생각해 애써 담담한 척하며 저녁 식사를 했다. 식사를 마친 세 자매는 보험 증권을 하나씩 살펴보기 시작했다.

'미리 챙겼어야 했는데. 이런 일이 생기고 나서야 이러는 게 참 면목 없네.'

세 자매는 하나같이 부모님께 미안했다. 딸들의 그런 마음을 잘 알고 있는 엄마가 미안한 마음에 조용한 목소리로 말했다.

"대강 알고 있어야 하는데, 엄마는 그거 봐도 잘 모르겠더라. 글씨도 콩알만 해서 잘 보이지도 않고……."

"엄마, 우리가 볼게. 걱정하지 마세요."

증권을 살펴보던 모아는 기분이 찜찜했다. 그래서 곧바로 엄마에게 물었다.

"엄마, 한 달 보험료 얼마나 내요?"

아빠의 경우, 가입해놓은 상품이 세 개였고, 약 45만 원의 비싼 보험료를 납입하고 있었다. 엄마에게 이유를 물어보니 아빠가 지병으로 지방간을 앓고 있기 때문이라고 했다. 우선 종신보험은 가입 시기가 오래되어서 암 보험료가 낮게 책정된 상태라 유지해도 될 듯했다. 문제는 유니버셜종신보험과 보장보험이었다. 유니버셜종신보험은 가입 목적이 중요한데, 엄마는 연금을 목적으로 가입한 상품이라고 했다. 세 자매는 답답했다. 이 상품은 죽을 때까지 사망 보장을 해주는 종신보험이지, 노후에 사용이 합리적인 연금 상품이 아니었기 때문이다. 보장보험은 중요한 실손보험이 가입되어 있었지만 보장 만기가 겨우 80세였다. 다른 보험으로 변경하면 100세까지도 보장을 받을 수 있었다.

엄마의 보험도 살펴봤다. 엄마도 가입해놓은 상품이 세 개였고, 매달 17만 원 정도를 납입하고 있었다. 하지만 전부 생명사 상품이라 비용은 비싸고 보장 기간은 80세였다.

"엄마, 보험을 왜 이렇게 들었어요?"

"그래, 이건 좀 아닌 거 같아."

딸들이 한마디씩 내뱉었다.

"너희 왜 그러니? 보험이 어떻다고…….."

알고 보니 부모님의 보험은 모두 엄마의 친구, 동생, 아빠의 친척, 고향 후배를 통해 가입한 것들이었다.

"어려울 때 돈도 빌려준 적 있는 사람들이야. 그런 사람들이 도와달라고 하는데 어떻게 모른 척 할 수 있니? 그리고 보험은 어차피 필요한데, 아는 사람한테 들어주면 좋겠다 싶었지. 다들 그렇게 하잖아."

모아가 엄마에게 말했다.

"엄마, 아무리 고마운 사람들이라도 이렇게나 돈이 많이 나가는데, 잘 알아보고 도움이 되는 걸 들었어야죠."

엄마는 딸들의 반응이 멋쩍어 괜히 목소리를 높였다.

"근데 얘들이! 그렇게 잘 알면 미리 아빠, 엄마 좀 챙기지 그랬어? 내가 암 수술한다니깐 이제야 우르르 몰려와선 왜 이렇게 말이 많아!"

엄마 말이 틀린 것은 아니었다. 각자 생활이 바빠 부모님께 소홀했던 건 사실이니까. 세 자매는 평소에 자주 연락도 하지 않고 부모님을 챙기지 못한 것이 너무 죄송했다.

장녀로서의 책임감을 느낀 주리가 말했다.

"미안해요, 엄마. 화 푸셔, 응? 우리가 아빠, 엄마 많이 못 챙긴 건 인정! 아빠, 엄마도 이제 상담 한 번 받아보는 게 어때요? 우리 셋도 상담하고 나서 엄청 좋아졌어."

"무슨 상담?"

"재무 관리 상담!"

보험이 효도하게 하세요!

2030세대와 고령층 사이에 끼어 있는 베이비부머 세대가 많이 의지하는 것이 바로 사적연금입니다. 만약 현재 환갑이라면 향후 길게는 40년 이상을 더 생존해야 합니다. 베이비부머 세대가 개인연금과 본인 자산에 의지할 수밖에 없는 이유가 바로 이 때문입니다.

베이비부머들은 은퇴 후의 장수 리스크에 대비하기 위해 보험을 많이 택합니다. 1990년대 후반부터 2000년대 초반까지 종신보험이 많이 팔린 것도 그래서죠. 그런데 초기 종신보험은 생전에 사망 보험금을 활용할 수 있는 방법이 없는 상품이 대부분입니다. 연금 전환 특약이 없어 가입자가 사망해야만 보험금을 받을 수 있습니다.

최근에는 이런 단점을 보완하고자 사망 보험금을 받지 않고 중간에 연금으로 전환할 수 있는 상품이 많이 나왔습니다. 그런데 새로운 기능 때문에 소비자들이 많이 혼란스러

위합니다. 보통 사망 보험금을 받는 종신보험과 연금을 받는 연금보험 중 사업비가 많이 빠져나가는 상품은 종신보험입니다. 즉 회사에 이득을 가져다주는 것은 종신보험이라는 말이죠. 그러다 보니 보험사들은 기존의 종신보험을 이름만 바꾸어 팔면서 노후 대비까지 가능하다고 소비자들을 설득합니다.

사실 이는 금융 당국의 전문성과 정책 방향성이 부족해서 생긴 현상인데요. 금융 당국이 보험사에 휘둘린 결과, 베이비부머들의 노후 자금 마련이 더욱 어려워졌습니다. 이런 상황에서도 소비자들은 저렴하면서도 필요한 보장은 다 챙길 수 있는 실속 있는 보험을 원하고 있습니다. 어떻게 하면 가능할까요?

일단 실손의료비보험(실비보험)은 꼭 준비해야 합니다. 진단비로 몇 천만 원을 정액으로 받는 것은 참 중요한데, 정액 보장은 그 질병에 해당하지 않으면 받을 수 없습니다. 큰 병, 작은 병 가리지 않고 내가 낸 병원비를 공제받을 수 있는 것이 더욱 중요합니다. 이런 기능을 하는 것이 바로 실비보험이죠.

실비보험은 1만 원 이상의 통원 의료비를 공제하고, 입원 의료비의 경우 2백만 원까지 90%를 공제합니다. 환자 본인 부담은 10%인데, 만약 입원 의료비가 2백만 원을 초과할 시에는 최대 2백만 원만 부담하면 그 이상은 부담하지 않아도 됩니다.

그럼 이제 가입 가능한 연령을 알아볼까요? 65세도 연간 5천만 원 한도에서 실비를 보장받을 수 있고, 일부 회사에서는 만 70세까지도 실비보험 가입이 가능합니다.

그렇다면 질병이 있는 경우에는 어떻게 해야 할까요? 최근에는 병력이 있는 당뇨 환자, 협심증 환자는 물론, 암 진단을 받고 5년이 지난 사람도 유병자실손보험에 가입할 수 있습니다. 물론 일반적인 실손보험보다 보험료가 비싸고, 보장이 일부 제한되지만 실비로서의 역할은 톡톡히 해냅니다. 만약 그래도 실비보험에 가입할 수 없다면 상해라도 보상받을 수 있게 준비해야 합니다.

그러면 설계는 어떻게 해야 할까요? 보험에 가입할 때 이것저것 조항이 많이 들어가면 보험료가 비싸질 수밖에 없습니다. 일단 우선순위를 정해야 합니다. 가장 중요한 것은 앞서 언급한 실비보험입니다. 실비보험은 연간 5천만 원 한도 내에서 내가 실제로 쓴 병원비를 돌려주므로 가입해두면 노후에 굉장히 유용하게 쓰입니다.

다음으로 중요한 것은 중증 질병에 대비하는 것입니다. 여기서 중증 질병이라고 하면 암, 뇌혈관 질환, 심장 질환을 의미합니다.

마지막으로 중요한 것은 후유장해보험입니다. 노후 세대에게 중요한 것은 사망 보장금이 아닙니다. 병 때문에 후유증을 앓거나 다쳐서 병원 신세를 지는 것이 더 큰 문제입니다.

"통합보험에 가입하고 싶은데 괜찮을까요? 하나만 들어놓으면 전부 보장된다고 하니 편하고 좋을 것 같아요."

노년층이 보험에 가입할 때 이 질문을 많이 하시는데요. 통합보험은 말 그대로 여러 가지 보장을 하나로 합쳐놓은 보험입니다. 사망 상해, 후유 장해, 재해, 통원비 공제가 전부 가능해서 편리하다는 장점이 있죠. 그런데 그 면면을 잘 살펴보면 통합보험은 내용상 종신보험과 거의 비슷합니다. 생명보험에서 통합보험 형태로 설계를 하면 주 계약이 사망보험이 되고 결과적으로 종신 보험이나 다름없는 상품이 됩니다. 그러면 앞서 말한 우선순위가 어긋나게 되죠. 주 계약이 20만 원이 넘는 비싼 보험은 노년층 가구에 상당히 부담스럽습니다.

그렇다면 가구당 총 보험료는 얼마가 적당할까요? 통상적으로 한 달 보험료로 적정한 금액은 가구 소득의 10%로 봅니다. 만약 소득이 5백만 원이면 적정 보험료는 50만 원인데, 이렇게 잡아도 보험료 지출이 적은 편이 아닙니다. 예를 들어 소득이 3백만 원인 가정과 6백만 원인 가정의 경우 무조건 수입의 10%라고 해서 한 달 보험료 지출이 30만 원, 60

만 원이 적당하다는 것이 아닙니다. 어느 정도 절대적인 수치는 있습니다. 보통 4인 가족 기준 30~50만 원 정도의 금액을 기준으로, 내가 유지할 수 있는 선에서의 보험료가 가장 적절한 금액입니다.

다시 한 번 말하지만 노후 가정은 편리성보다 실용성을 더 따져야 합니다. 한 달에 3~4만 원만 납입하면 장례비로 5백만 원을 받을 수 있다는 상품에 가입하며 자식들에게 폐 끼치지 않겠다는 부모님들이 있습니다. 그보다는 몸이 아픈 지금, 병원에 다녀야 하는 상황을 대비하는 것이 더 효율적이지 않을까요?

아낌없이 준
나무의 최후

　엄마는 수술을 앞두고 2인실에 입원했다. 마침 주말이라 세 자매 모두 병실을 찾았다. 2인실이라지만 그리 넓지 않아 몇 사람만으로도 가득 찬 듯한 느낌이었다. 엄마는 달리 할 일이 없어 멍하니 TV를 보고 있었고, 자매들은 휴대폰을 들여다보거나 멀뚱하게 앉아 있었다. 엄마가 지겨운지 짜증이 잔뜩 묻어난 목소리로 말했다.

　"좁아 죽겠는데 뭐 하러 이렇게 다 왔어? 얼른 집에 가."

　"엄마는! 엄마가 아픈데 우리가 어떻게 안 와. 그리고 우리가 있으니깐 아빠가 좀 쉴 수 있잖아."

　"네 아빠 와 있는 것도 짜증나. 하는 일 없이 그냥 앉아만 있고."

"엄마, 왜 그래? 아무도 없이 혼자 있는 게 뭐 좋다고!"

모아가 발끈하자 아라가 눈치를 주며 말했다.

"원래 환자복 입고 여기에 누워 있으면 별게 다 짜증나고 그러는 법이야. 엄마, 수술하시고 4인실로 옮기면 그때는 순번 정해서 번갈아 올게요."

"오든가 말든가. 허리도 아프고, 병원 밥도 지겨워."

세 자매는 엄마를 걱정스럽게 바라보았다. 그때, 병실 문이 열리면서 누군가가 들어왔다. 엄마의 세 살 터울 언니이자 자매들의 작은 이모가 병문안을 온 것이다.

"언니, 여기 어떻게 왔어?"

"아이고, 이것아! 너야말로 왜 이러고 누워 있어. 나도 아직 멀쩡한데 왜 네가 먼저 아프고 난리야? 어디 봐, 괜찮은 거야?"

"어떻게 알고 온 거야. 돈 서방이 얘기했어?"

"지금 어떻게 알았는지 그게 중해? 너 아픈 게 중하지!"

세 자매도 이모를 만난 게 정말 오랜만이었다. 하지만 좁은 병실에 같이 있으려니 곤란해서 인사만 드리고 자리를 비켜주기로 했다.

"신세 고단한 건 난데, 왜 네가 암에 걸리냐."

"언니, 걱정하지 마. 별거 아니래. 초기라서 수술하면 아무렇지도 않대."

"그래도 그게 아무렇지 않겠어? 생살 찢고 수술하는데!"

"언니는? 요즘도 계속 그 고생이야?"

"박복한 년 팔자 어디 가? 맨날 그 장단이지 뭐. 오늘은 그래도 너 본다고 폐지 주우러 안 갔어."

이모는 딸과 함께 산 지 10년이 넘었다. 이모부는 5년 전에 돌아가셨고, 이모는 동네 쓰레기통을 뒤져 폐지 모으는 일을 했다. 하루 종일 모아 고물상에 가져다주면 10킬로그램에 천 원 남짓 받았다. 이모는 걱정하는 사람들에게 '푼돈이지만 아무것도 안 하는 것보단 낫다', '집에만 있으면 답답하다', '움직이지 않으면 아프다'는 핑계를 댔다.

"언니, 제발 너무 추운 날이나 더운 날엔 쉬어."

"그래도 난 다른 노인네들에 비하면 나은 거야. 자식들이 들여다보지도 않고 혼자 사는 노인네가 한둘인 줄 알아?"

이모는 그래도 딸과 사위, 눈에 넣어도 안 아픈 손자를 매일 보는 게 좋은 눈치였다.

"그 녀석, 그게 벌써 4학년이여. 폐지 판 돈 모아서 장난감도 사주고, 학용품도 사주면 얼마나 좋아하는데. 근데 언제까지 같이 살 수 있을지 걱정이야."

엄마는 언니를 오랜만에 만나 너무 반가운 한편, 몸도 좋지 않으면서 폐지를 줍고 다니는 언니가 걱정되어 갑자기 기분이 가라앉았다.

"그래서 재산 있는 거 잘 가지고 있으라고 했잖아. 그걸 왜 홀랑 다 주고 폐지를 줍고 다니는 거야. 언니만 보면 너무 속상해."

"……."

평소에는 큰소리를 잘 치는 이모였지만 동생의 말이 다 맞기에 한마디도 할 수 없었다. 이모는 전 재산을 털어 딸이 아파트 사는 데 보태주었다. 그렇게 해서 딸네 가족과 함께 살게 됐지만 20평대 아파트에서 언제까지 함께 살 수 있을지 알 수 없었다. 이모는 손자도 점점 크고 있고, 딸과 사위가 나가 살길 바라며 눈치를 주지 않을까 두려웠다. 그래서 이모는 더욱더 밖에서 시간을 보내고자 폐지를 줍고 다녔다.

이모는 깡마른 몸으로 자기 몸집보다 큰 수레를 끌고 다녔다. 게으름을 피운 날에는 다른 할머니에게 폐지를 빼앗기기도 했고, 텅 빈 쓰레기통과 분리수거함을 보며 쓰라린 속을 달래기도 했다. 어느 날은 재활용품도 자기들의 소유라며 상점 직원이나 주민들의 잔소리를 듣기도 했다. 건널목이나 차도를 건너다 교통사고를 당할 뻔한 일도 한두 번이 아니었다.

그렇게 폐지를 수거해 이모가 하루에 버는 돈은 얼마일까? 아무리 많이 벌어도 8천 원을 넘기기 힘들었다. 하루 12

시간 일했다고 가정했을 때 시급은 666원, 최저 임금의 10분의 1이 조금 넘는 수준이었다. 엄마가 눈물을 흘리자 이모의 눈에도 눈물이 맺혔다.

"그러니까 너는 내 꼴 나지 말고 새산 꽉 틀어쥐고 오래 살아. 알았지? 수술 잘 받고 얼른 건강 되찾아, 이것아!"

"애들은 알아서 앞가림하는 거 같아. 우리가 짐이 되지 말아야 할 텐데……."

"그래. 저것들도 얼마나 살기 힘들겠냐."

"언니, 아무튼 언니도 건강 생각해서 너무 무리하지 마."

"아이고! 지금 병원에 입원해 있는 사람이 누군데, 누구더라 건강하래? 내 걱정하지 말고 너나 얼른 나아."

자매는 주름진 손을 맞잡고 한참 서로의 눈을 바라보았다.

캥거루족들이여, 이제 그만 어른이 되자

더블 케어(Double Care)라는 신조어를 들어보았나요? 일본에서 처음 생긴 말로, 자녀 양육과 부모 간병을 동시에 해야 하는 상황을 가리키는 말입니다. 일본과 경제 상황, 사회 분위기가 비슷한 우리나라도 최근 들어 더블 케어에 대한 관심이 높아지고 있습니다.

2018년 4월에 잡코리아가 조사한 바에 의하면 기혼 직장인 10명 중 4명이 부모님 돌봄과 자녀 교육에 비용을 들이고 있다고 합니다. 저성장에 따라 청년 취업이 점점 어려워지면서 5060세대의 부양비는 더욱 늘어나고 있는 실정이죠. 이른바 취준생들은 부모로부터 생활비를 제외한 순수 취업 준비 비용을 지원받고 있습니다. 여기에 취업 후에도 부모님의 집을 떠나지 못하는 캥거루족도 빠질 수 없죠. 캥거루족은 모아처럼 생활비 절약, 독립 자금 부족 등의 이유로 부모님에게 얹혀사는 경우를 일컫는 말입니다. 상황이 이렇다

보니 금전 문제로 인한 가족 간의 갈등이 부쩍 많아지고 있습니다.

가족 갈등의 가장 큰 원인은 바로 세대 차이입니다. 세대 갈등은 빠르게 변한 사회에서 주로 나타나는데요. 한국은 초고속으로 경제 성장을 이루어낸 나라입니다. 세대 간 가치관 차이가 클 수밖에 없죠. 과거에는 모두가 '가족은 하나다'라는 생각으로 살았다면 지금 자녀 세대는 '내가 먼저!'라고 주장하고 있습니다. 그런데 경제 상황이 극도로 어려워지면서 경제적인 부분에 있어서는 독립을 이루어내지 못한 것이죠.

그런 자식 세대들에게 부모는 이렇게 공격하곤 합니다.

"네 마음대로 하려면 혼자 힘으로 살아!"

부모 입장에서는 자녀가 성인이 되면 독립적으로 사는 것이 맞긴 한데, 경제적인 부분에서는 부모에게 의존하려고 하고, 그 외적인 부분에서는 자기중심적인 것이 불만인 거죠. 또 자식 세대가 소비를 좋아하고 저축을 등한시하는 것을 보면 부모로서는 답답할 수밖에 없죠.

많은 분들이 이렇게 말합니다.

"말로만 집에서 나갈 거다, 독립할 거다 하는데 저축은 아예 하지 않아요. 어느 세월에 돈 모아서 결혼할 생각인지 모르겠어요."

"정말 돈 무서운 줄 몰라요. 생기면 다 쓰고 보려고 하죠. 대체 뭘 그렇게 많이 사는 건지. 아껴야 돈을 모을 텐데, 철이 없어도 너무 없어요."

자식들도 나름대로 할 말은 있습니다. 미래가 막막하기만 해 스트레스를 풀기 위해 소비를 많이 한다는 것이 그들의 주장입니다.

문제는 이런 갈등이 장기적으로 깊어지면 가족 모두에게 독이 될 수 있다는 것입니다. 세 자매의 이모님도 전 재산을 딸에게 주고 자식에게 의탁해 살며 앞날을 걱정하고 있습니다. 계속해서 그런 생활을 한다면 나중에는 엄마와 딸이 서로를 원망하게 될 수도 있습니다. 엄마는 전 재산을 다 주었으니 딸이 노후를 책임져줄 것이라 믿고, 딸은 엄마에게 경제적 지원을 받은 것은 까맣게 잊고 자기 가족들끼리 살고 싶어 하겠죠.

자식이니 도와주고 싶고, 가족이니 힘을 보태고 싶은 마음은 잘 알지만 아무리 가족이라도 각자의 독립부터 이루어내야 합니다. 이모님은 이모님만의 노후가 준비되어 있어야 하고, 딸은 자신이 만든 가족과 잘 살 궁리를 해야 한다는 겁니다. 경제적으로 독립이 되어야 가족 간에도 거리 유지가 되고, 갈등을 줄일 수 있습니다.

노후 준비를 미루면서까지 자식을 돕는 부모님, 성인이

되어서도 부모님께 의존하는 캥거루족들에게 말하고 싶은 건은 딱 한 가지입니다. 가족 관계를 부모, 자식 중심이 아닌 부부 중심으로 다시 구성하는 것! 부모, 자식 간의 애착이 지나치면 결국 경제적·정서적 갈등으로 이어지기 쉽습니다. 부모 세대도 건강하고, 자녀 세대도 행복하려면 부모, 자식 간의 거리두기, 그리고 경제적 독립이 필수입니다.

노후 준비
세팅 완료!

수술 이후 엄마의 건강 상태는 많이 좋아졌다. 세 자매와 엄마는 교외에 있는 대형 아울렛으로 나들이를 갔다.

"엄마, 봄옷 한 벌 사 입어요. 내가 사줄게요."

주리는 소비를 줄이고 저축하는 습관을 잘 유지하고 있었지만 이날만큼은 예전의 주리로 돌아간 듯했다. 보이는 것마다 전부 사주기라도 할 것처럼 신이 나서 말했다.

"엄마, 이 신발 어때요? 괜찮은 것 같지 않아요? 신어보고 좋으면 사요."

엄마는 내심 기분이 좋았지만 결국 타박을 줬다.

"여기 있는 거 다 사줄 거야? 그럼 저기 명품관에 가서 사줘. 정신 차린 거 같더니만 왜 그래?"

그러자 모아가 웃으며 말했다.

"내버려둬요. 엄마 수술하고 회복실 계실 때 주리 언니, 두 눈이 붓도록 정말 펑펑 울었어. 엄마한테 효도도 제대로 못했다고 얼마나 울었는데. 지금도 엄마 생각해서 그러는 거야."

"그러지 말고 평소에나 잘해."

"치, 엄마는! 아, 정말 사주고 싶어서 그래. 하나만 사요, 응? 하나만."

"그래, 엄마. 입어보기나 해요. 그러려고 온 거잖아."

엄마는 딸들에게 밀려 등산복 전문 브랜드 가게 안으로 들어갔다. 자켓 하나를 입어보던 엄마가 물었다.

"얘, 이게 얼마니? 글씨가 작아서 안 보인다."

"손님, 제가 봐드릴게요. 이건 세일해서 554,000원입니다."

"뭐가 그렇게 비싸? 봄옷이라 원단도 얇아빠졌구만!"

점원에게 대놓고 당당하게 따지는 엄마를 보며 세 자매는 깜짝 놀랐다. 점원은 그래도 웃으면서 응대했다.

"이게 백화점에서 판매할 때도 가장 잘 팔린 모델이에요. 원래 정가는 85만 원인데, 30만 원 정도 할인된 거예요. 가격이 아주 좋아요."

엄마는 점원의 말이 끝나기 무섭게 자켓을 벗었다.

"가격이 좋긴 뭐가 좋아? 천 쪼가리 하나에 50만 원이 넘는 게 말이 돼?"

엄마는 화난 사람처럼 중얼거렸다. 혼잣말이었지만 딸들과 점원에게 다 들렸다.

모아가 엄마에게 속삭였다.

"엄마, 다 들리게 그러면 어떻게 해."

"아, 들리면 뭐! 내가 내 입 가지고 말도 못해?"

세 자매는 결국 엄마를 데리고 밖으로 나왔다.

세 자매와 엄마는 다른 가게로 갈까 하다가 점심시간이 되어 일단 식사부터 하기로 했다. 세 자매가 엄마의 건강을 생각해 선택한 메뉴는 오리백숙이었다.

식당에서도 엄마는 불만이 많았다.

"아무리 나와서 먹는 거라지만 가격이 왜 이렇게 비싸?"

"엄마, 가격 생각하지 말고 드세요. 내가 사는 거니까. 여기 오리 맛있어."

"이 돈이면 집에서 닭을 몇 마리 삶아 먹겠네."

엄마의 말에 주리의 표정이 확 구겨졌다.

"아, 그만해요. 나 슬슬 짜증나려고 해. 닭이랑 오리가 같아? 그리고 집에서 먹으면 음식이 뚝딱 하고 나와? 누가 다 요리하고, 누가 다 치워? 집에서 해 먹는 게 싼 건 재료값만 따지고 엄마 노동값은 안 따져서 그래!"

"언니, 엄마가 항상 하는 말인데 왜 그래. 엄마도 이제 그만해요."

아라의 중대로 두 사람은 말없이 음식이 나오기를 기다렸다. 잠시 후, 엄마가 다시 입을 뗐다.

"실은 내가 걱정이 돼서 그래."

"무슨 걱정?"

"너희가 권해서 머니 닥터를 만났잖아. 그 사람이 그러더라고. 노후가 힘든 건 물가 때문이라고."

엄마의 말에 모아가 맞장구를 쳤다.

"맞는 말이네. 물가는 계속 올라, 엄마."

"에휴, 그러니 내가 걱정이 안 되겠니? 우리 땐 천 원짜리 한 장도 귀하게 썼어. 아니, 500원도 귀했어. 근데 요즘 그게 어디 돈이야? 옷 한 벌 가격 50만 원이 우습고, 네 사람 식사비 10만 원이 우습지."

엄마의 말에 주리는 조금 누그러진 말투로 대답했다.

"그건 어쩔 수 없어요. 돈 가치가 자꾸 떨어지는 걸 어떡해."

"그래서 내가 잔소리하는 거야. 내가 한마디씩 해놓으면 니들이 나중에 돈 쓸 때 엄마가 한 말 한 번은 생각할 거 아냐. 돈 무서운 줄 알아야지."

아라가 엄마의 손을 잡으며 물었다.

"엄마, 그렇게 많이 걱정돼요? 노후에 생활이 힘들까 싶어서?"

"뭐, 지금껏 살았는데 앞으로라고 못 살겠어? 그런데 내가 아프고 너희 아버지도 걱정이 많은 것 같아. 지금까진 노후에 대해 신경 안 쓴 게 사실이야. 하지만 이제는 좀 바꿔보려고."

"잘 생각했어요. 궁금한 거 있음 머니 닥터에게 물어보세요. 어떻게 해야 하는지 잘 짚어주니까."

"상담 비용도 비싼 거 아냐?"

"에이, 엄마는!"

"하긴! 돈 관리하는 법 배우는 건 아까워하지 말아야지. 너희도 앞으로 살면서 또 문제 생기면 머니 닥터를 찾아가."

드디어 음식이 나왔다. 모아가 웃으며 말했다.

"우린 걱정하지 마. 엄마, 이거 맛있겠다. 식기 전에 얼른 드세요. 자, 여기 다리!"

모아의 애교에 엄마의 마음이 풀렸다. 그 순간에도 엄마는 다음에 머니 닥터를 만나면 무엇을 물어볼지 이런저런 생각을 했다.

노후의 적, 물가를 이겨라

　미국 국채 금리가 마침내 3%를 돌파하면서 우리나라도 기준 금리 인상을 앞당길 것이라는 관측이 있습니다. 물가는 노후 자금을 마련하는 데 있어 가장 많이 고려해야 할 요소입니다. 사실 노후 준비를 하는 이유가 바로 물가 때문이죠. 물가상승률이 돈의 가치를 왕창 갉아먹기 때문에 노후 자금을 따로 마련해야 하는 것인데요. 돈의 가치는 물가 상승이 심할수록 하락세에 가속도가 붙습니다.

　물가가 계속 오른다면 현재 돈의 가치가 절반이 될 때까지 얼마의 시간이 걸릴까요? 이를 쉽게 알아보는 방법이 바로 '72법칙'입니다. 72란 숫자를 연간 물가상승률로 나누면 연금의 가치가 반 토막 날 때까지 걸리는 햇수를 쉽게 계산할 수 있습니다. 예를 들어 연간 물가상승률이 3%라면 가치가 절반이 되는 시기는 24년 후입니다. 24년 후의 천 원은 현재의 500원으로 봐야 하죠. 24년 후에 5억 원의 노후 자금이 필요하다면 지금 시점에서 목표액을 10억 원으로 계산해서 설계해야 합니다.

이렇게 보면 은퇴 설계를 어떻게 해야 할지 답이 나옵니다. 투자수익률이 최소 물가상승률보다 높아야 목표 자금이 부족하지 않을 수 있습니다. 만약 물가상승률이 2%이지만 투자수익률이 6%라면 물가가 오를 것을 감안했을 때 실질적인 가치는 4% 복리로 보면 됩니다. 그런데 만약 투자수익률이 물가상승률에 미치지 못한다면 어떻게 될까요? 투자 원금의 실질 가치가 떨어지겠죠.

많은 사람이 노후 준비, 은퇴 설계를 말합니다. 누군가가 제게 은퇴 설계가 무엇이냐고 물으면 이렇게 정의합니다.

'죽는 날까지 물가상승률과 싸워 이기는 게임'

물가상승률을 철저하게 막아내는 사람은 여유로운 노후를 보낼 수 있고, 그렇지 못한 사람은 힘든 노후를 보낼 수밖에 없습니다.

'은퇴 시작 시점에 ○○원 정도의 자금을 가지고 있어야 한다'라는 막연한 목표보다 실질적으로 와닿는 목표가 필요합니다. 이를테면 은퇴 기간을 초기, 중기, 말기로 나누어 자산을 분산해두는 것이죠. 은퇴 기간을 30년으로 잡았을 때 은퇴 후 10년은 초기, 그 후 10년은 중기, 마지막 10년은 말기라고 할 수 있습니다. 중기와 후기로 갈수록 물가를 이겨낼 수 있는 주식과 채권 비중을 높여야 합니다.

많은 사람이 은퇴 설계를 할 때 물가 문제를 심각하게 생각하지 않는 경향이 있습니다. 그런 의미에서 물가 상승을 걱정하고 물가에 대비할 생각을 하신 세 자매의 어머님, 참으로 현명하신대요? 앞으로도 저금리가 계속될 것이라고 확신할 근거는 어디에도 없습니다. 지금의 초저금리 기조가 끝나는 건 시간문제입니다.

자, 그렇다면 노후에는 어느 정도의 생활비가 필요할까요? 이는 은퇴를 앞두고 있는 모든 사람의 고민일 텐데요. 각 가정마다 형편이 다르고, 라이프 스타일이 다르기 때문에 노후 생활비를 계산한다는 것은 결론이 쉽게 나지 않을 수도 있습니다.

일단 노후에 드는 생활비는 크게 세 가지입니다. 기초 생활비, 여가 활동비, 건강 관리비가 바로 그것이죠. 기초 생활비는 사람이 살아가는 데 꼭 필요한 비용입니다. 자녀들이 모두 독립하고 나면 노후에는 이 비용을 줄일 수 있습니다. 반대로 여가 활동비는 지출 금액이 늘어납니다. 은퇴를 하면 시간이 여유로워지기 때문이죠. 취미 생활, 여행, 각종 모임, 경조사, 가족들과의 외식 등에 필요한 비용이 여가 활동비라 할 수 있습니다. 끝으로 건강 관리비는 70세 이상이 되면 부쩍 늘어나게 됩니다.

그렇다면 이 세 가지 생활비를 포함한 노후 자금은 얼마일까요? 어디에서부터, 어떻게 시작해야 할지 모르겠다면 이렇게 기억하세요.

> 은퇴 후 노후 자금은 은퇴 전 소득의 70%

현재 소득 대비 70%의 돈이라고 생각하면 됩니다. 그렇다면 다음 고민은 '이 70%의 돈을 어떻게 마련할까'가 되겠네요. 일단 70% 중 40%는 국민연금과 같은 공적연금과 집을 자산으로 만들어 마련해야 합니다. 주택연금 또는 주택이나 전세를 처분해 자금을 마련하는 것이죠. 나머지 30%는 연금보험, 연금저축, 퇴직연금을 활용해 만들어야 합니다.

그렇다면 은퇴 전에 이 30%를 만들기 위해 소득의 몇 퍼센트를 저축해야 할까요? 여기에도 간단한 공식이 있습니다. 현재 나이에서 15 또는 20을 빼면 됩니다.

> 현재 나이 - 15 혹은 -20 = 노후 자금 저축 비율

만약 퇴직금을 은퇴 자산으로 활용할 수 없거나 자영업자라면 15를 빼세요. 퇴직연금을 활용할 수 있는 사람이라면 20을 빼면 됩니다. 예를 들어 현재 40세라면, 퇴직금을 활용

할 수 있다면 65세까지 소득의 20%를 저축하고, 퇴직금을 활용할 수 없다면 65세까지 소득의 25%를 꾸준히 저축하십시오. 끝으로 연령대별 노후 대비 TIP을 알려드리겠습니다.

1. 20대, 노후 준비의 기반을 만들어라

최소 수입의 10%는 연금으로 저축해야 한다. 학자금 대출이 있는 사람은 빨리 갚고, 카드 빚을 만들지 않도록 주의하며 신용을 관리해야 한다.

2. 30대, 누가 뭐래도 저축이 먼저다

수입의 30%를 저축하는 습관을 길러야 한다. 부부의 사망 보험금을 준비하는 한편, 공적 건강보험을 보충할 수 있는 보험 상품에 가입한다. 만약 집을 산다면 부부 공동 명의로 해야 한다.

3. 40대, 나의 은퇴 설계를 돌아보아라

은퇴 설계에 대한 객관적인 확인이 필요하다. 저축과 투자가 계획대로 되고 있는지, 보험에서 보장에 빠진 부분은 없는지, 주택 대출금 상환 계획에는 차질이 없는지 냉정하게 살펴보아야 한다. 혼자 체크하기 어렵다면 재무 상담가에게 도움을 요청하는 것이 좋다. 더욱 세부적이고 전문적인 상담을 통해 계획을 수정하는 것이 좋다.

4. 50대, 노후 플랜을 점검하고 부족한 부분을 보충하라

은퇴를 앞둔 시점에서 연금이 부족할 경우, 단기에 자금을 축적할 수 있는 연금 상품에 가입해야 한다. 목돈이 있다면 거치형 즉시연금으로 확실하게 노후 준비를 해야 한다. 본인과 배우자의 건강보험 보장 연령, 보장 금액 등을 재검토해 보험 리모델링을 하도록 한다.

연금, 부동산 등
모든 것을 동원하라

세 자매는 부모님 집에 있다가 야식으로 치킨과 맥주를 먹고 싶다는 주리의 말에 동네 호프집으로 갔다.

"오랜만이네! 다들 더 예뻐졌어."

세 자매는 이 집의 오랜 단골이었다. 주인아저씨가 세 자매를 반갑게 맞았다.

"근데 어떻게 셋이 다 왔어?"

"말도 마세요, 아저씨. 저희 엄마가 암 수술을 하시는 바람에 저희 아주 혼났어요. 지금은 수술 잘 마치고 퇴원하셨어요. 집에서 뒹굴거리다가 한잔하고 싶어서 나왔어요."

"아주머니가? 건강해 보이시는데 어쩌다가 그러셨대."

"엄마 나이쯤 되니까 건강은 자신할 게 아니더라고요."

아저씨는 곧 잘 튀겨진 프라이드치킨과 시원한 생맥주를 내왔다. 오랜만에 단골손님이 왔다고 감자튀김도 푸짐하게 서비스로 주셨다.

"아저씨, 요즘 별일 없으시죠?"

"별일 없긴. 나도 내 코가 석자야, 지금!"

아저씨의 말에 모아는 걱정스러운 표정으로 물었다.

"왜요? 어쩐지 아저씨 얼굴이 좀 안 좋은 것 같았어요."

"좋을 리가 있어? 다 돈 때문이지, 뭐."

아저씨가 동네에서 호프집을 연 지도 10년이 훌쩍 넘었다. 올해로 62세가 된 아저씨는 장사가 곧잘 되던 호프집을 넓히고 싶어 2년 전에 집을 처분하고 전셋집을 구해 생활했다. 그런데 전세 보증금이 오르는 게 만만치 않았다.

"보증금을 5천만 원이나 올려달라고 하잖아. 남의집살이가 서러운 건 알고 있었지만 그 정도일 줄은 몰랐지. 그래서 이번에 결국 집을 다시 샀어."

아저씨는 그 많은 보증금을 한꺼번에 올려주느니 집을 사는 것이 낫겠다고 생각하고 아파트를 구입했다. 부족한 2억 5천만 원은 대출을 받았다. 대출 금리는 2.7%로, 한 달 원리금은 108만 원이었다.

아저씨가 호프집을 운영해 벌어들이는 한 달 수입은 평균 5백만 원이었다. 그런데 그에게는 늦둥이 아들이 있었다. 나

중에 교육비로 쓰기 위해 매달 1백만 원씩 적금을 들고 있어 생활비가 턱없이 부족했다. 대출금을 갚기 시작하면서 돈의 흐름이 한꺼번에 꽉 막혀버렸다. 현금이 없어 발을 구르던 아저씨는 어쩔 수 없이 마이너스 통장에 손을 댔다고 했다. 이 대목에서 모아가 화들짝 놀랐다.

"어머, 아저씨! 금리가 센 마이너스 통장을 무턱대고 쓰셨어요? 정 돈이 급하면 적금을 해지하셨어야죠."

모아의 지적에 아저씨는 갑자기 목소리가 작아졌다.

"처음에는 급하니깐 50만 원만 잠깐 쓰자 생각했어. 적금 깨는 거 너무 아깝잖아. 이렇게 빚이 자꾸 늘어날지 몰랐어."

아라도 거들고 나섰다.

"적금을 해지하는 게 맞아요. 적금 해지해서 손해 보는 것보다 마이너스 통장 이자 무는 게 더 큰 손해예요. 이번 달 생활비가 모자란다고 마이너스 통장을 쓰면 다음 달에도 의존하게 돼요. 아저씨, 저도 카드로 현금 서비스 받았다가 죽을 뻔했어요."

아저씨는 목이 타는지 생맥주를 한 잔 가져와서 벌컥벌컥 들이켰다.

"아라야, 너도 엄마니까 알겠지만 적금이 그냥 적금이 아니고 아이 교육비잖아. 애비가 돼서 그것만은 도저히 건드릴 수 없었어."

"그 마음은 이해해요, 아저씨. 부모 마음이 다 그래요. 똑같은 돈이라도 교육비는 엄청 특별하죠."

"그래! 그게 그렇다니까."

아저씨는 결국 3%짜리 은행 대출금을 갚으면서 2%도 안 되는 적금은 유지한 셈이다. 그런데도 생활비가 부족해 6%짜리 마이너스 통장을 썼다. 사실은 반대로 선택했어야 했다. 적금을 해지해서 생활비로 조달하는 게 옳았다.

"그래, 니들 말이 다 옳다. 이렇게 된 마당에 얼른 적금 해지해서 빚부터 갚아야지."

"생각 잘하셨어요, 아저씨. 내일 당장 가서 해결하세요. 안 그러면 정말 힘들어져요. 현금이 도는 게 얼마나 중요한데요!"

모아가 아저씨를 다독이며 말했다. 아저씨의 어깨가 축 처져서 그런지, 평소보다 몸집이 더 작아 보였다.

'우리 부모님도 나중에 생활비가 쪼들려 힘들어 하시면 어쩌지?'

자영업을 하면서도 생활비 때문에 힘들어 하는 호프집 아저씨를 보자, 세 자매는 부모님이 걱정됐다.

노후 가정, 돈줄이 막히지 않으려면

　은퇴를 앞두고 있거나 은퇴로 수입이 없는 가정이라면 특별히 더 빚에 신경을 써야 합니다. 오랫동안 저금리가 지속되면서 많은 사람이 부채에 무덤덤한 상태인데요. 이 불감증에 빠져버리면 호프집 아저씨처럼 금리를 손해 보는 상황이 발생할 수 있습니다. 노후를 앞두고 현금이 부족한 상황에 처했다면 부채에 대해 한 번 더 고민해야 합니다. 이때 가장 중요하게 따져볼 사항은 당연히 상환 능력입니다. 자영업을 한다고 해서 안심할 수 없습니다. 자영업 종사자 네 명 중 한 명꼴로 폐업 신고를 하는 추세입니다.

　노후에 이러한 위기에 직면하지 않으려면 현금이 잘 도는 재무 구조를 유지하는 것 외에 달리 방법이 없습니다. 노후에도 무너지지 않는 탄탄한 재무 구조를 만들기 위해서는 연금과 부동산 등을 모두 동원해서라도 현금 흐름을 만들어야 합니다.

먼저 연금에 대해 이야기해보겠습니다. 많은 사람이 알고 있듯 연금의 기본은 국민연금입니다. 가입자가 나이가 들어 소득 활동을 하지 못할 때 생활의 안정을 위해 지급하는 것이 바로 국민연금인데요. 국민연금에 가입하고 일정 기간 이상 연금을 납부한 사람이 60세 이상이 되었을 때, 즉 노령에 도달했을 때 지급받게 되는 연금이 바로 노령연금입니다.

그럼 많은 사람이 궁금해 하는 노령연금 많이 받는 방법을 간략하게 알아보겠습니다. 기본적으로 노령연금을 받으려면 가입 기간인 120개월을 채워야 합니다. 이 조건을 충족하지 못하면 가입자의 가입 기간과 그 기간 동안 낸 보험료에 따라 연금액이 결정됩니다. 그렇기 때문에 기본적으로 근로 기간에 보험료를 꾸준히 내는 것이 중요하죠. 되도록 오래 가입해야 더 많은 연금을 받을 수 있습니다.

그렇다면 가입 기간을 늘려야겠죠? 가입 기간을 늘리고 싶다면 임의가입제도를 활용하면 됩니다. 이 제도를 활용하면 전업주부, 프리랜서처럼 강제로 가입할 의무가 없는 사람도 국민연금에 가입해 연금 혜택을 받을 수 있습니다. 18세 이상, 60세 미만이라면 누구나 가능합니다.

만약 보험료를 내고 있지 않다가 다시 납입하고 싶을 때는 어떻게 해야 할까요? 이럴 때는 추후납부제도를 활용하면 됩니다. 가입자가 갑자기 소득 활동을 하게 되었을 때 납부 예외 기간에 내지 않은 보험료를 일시에 내거나 나눠 내 가입 기간을 늘리는 것이죠. 이렇게 하면 추후에 수령하는 연금액을 올릴 수 있습니다.

혹시라도 형편이 어렵거나 소득이 없어 연금을 납입하기 어려운 상황이라면 연체하지 말고 국민연금관리공단에 신고를 해야 합니다. 사업자등록증을 말소하는 등의 조치를 취해 납부 예외자가 되면 그래도 가입자로 인정받을 수 있습니다. 가입자로 인정받는 것이 뭐가 중요하냐고요? 만약 이 기간 동안 장애를 입거나 사망하더라도 장애연금이나 유족연금을 수령하는 등의 혜택이 주어집니다.

이 밖에도 선납제도, 반납제도, 임의연장가입제도 등을 활용할 수 있습니다. 선납제도는 보험료를 미리 납부하는 제도입니다. 50세 이상의 경우, 최대 5년 치를 선납할 수 있습니다. 이 제도를 활용하면 은퇴가 앞당겨져 납부해야 할 보험료를 내지 못했을 때, 연금액이 감액되는 것을 막을 수 있습니다.

반납제도는 연금을 일시금으로 돌려받은 사람들이 활용할 수 있습니다. 과거에 돌려받았던 연금을 이자와 함께 다시 납부하는 제도입니다. 이렇게 하면 소멸된 가입 기간이 회복되고 연금액도 올릴 수 있습니다.

마지막으로 임의연장가입제도는 가입 기간을 늘리는 제

도입니다. 지금의 제도는 가입자 연령이 60세를 넘기면 가입 자격이 사라지는데, 임의연장가입제도를 이용하면 65세까지 가입 기간을 연장할 수 있습니다. 예를 들어 만 53세에 연금에 가입해도 임의연장가입제도를 신청하면 10년을 채울 수 있는 것이죠.

이제 노후 자금을 충족하는 대안으로 빠르게 자리 잡은 주택연금에 대해 알아보겠습니다. 주택연금은 일종의 대출입니다. 일반 대출과 다른 점은 직접 현금으로 이자를 내지 않고 대출 잔액에 가산된다는 것입니다. 그리고 집주인이 사망했을 때 집값으로 대출액을 정산합니다. 노후에 생활비가 부족해 비싼 주택담보대출을 받아쓰는 것보다 주택연금 제도를 활용하는 편이 낫다는 인식이 확산되면서 많이 활용되고 있습니다.

주택연금이 빠르게 자리 잡은 것은 은퇴자들의 생각이 많이 달라졌기 때문입니다. 과거에는 집은 자식에게 물려주는 재산이라는 의식이 팽배했습니다. 하지만 수명이 길어지고 노후 자금에 대한 부담이 커지면서 부모님들이 집을 자신을 위해 쓰고자 하는 경우가 많아졌습니다. 자식들 입장에서도 주택을 이용해 부모님에 대한 부담을 더는 것이 상속보다 더 낫습니다.

그런데 주의할 점도 있습니다. 주택연금은 이름은 연금이지만 사실상 연금이 아닙니다. 연금은 소득이기 때문에 세금이 붙기 마련인데 주택연금은 따로 세금이 붙지 않습니다. 그렇다면 왜 연금이 아닌 상품에 연금이라는 이름을 붙인 걸까요? 이는 소득을 얻는 것처럼 수요층을 자극하여 가입자 수를 늘리려는 마케팅의 일환입니다. 참고로 한국보다 먼저 이 제도를 도입한 미국은 역모기지론이란 말을 씁니다. 주택연금의 본질은 주택담보대출과 비슷하니까요.

주택연금과 주택담보대출의 차이는 대출금을 한꺼번에 받고 원리금을 갚느냐, 아니면 이를 일정 금액으로 쪼개 나눠 받고 원리금을 한꺼번에 상환하느냐의 차이입니다. 만약 중도 해지나 가입자의 사망 등 사유가 발생할 경우, 주택연금은 어떻게 될까요? 담보 물건을 처분한 다음 대출 이자(CD금리+1.1% 포인트)를 회수합니다. 시중 금리 기준으로 연리 2.5%쯤 되는 이자율입니다.

그렇다면 수령한 연금과 2.5% 이자율만 계산해서 나온 금액만 돌려주면 될까요? 그렇지 않습니다. 이때 대출 이자는 복리로 적용됩니다. 한 달에 연금 1백만 원씩 받았다면 첫 달 대출 금액은 1백만 원에 연리 2.5%의 이자가 더해진 금액이 됩니다. 다달이 연금을 받을 때마다 이자가 더해진 금액에 다시 이자가 붙어 더해지는 것이죠. 또 연금을 받을 때마다 보증료라는 비용을 내야 합니다. 처음 가입할 때 초기

보증료로 주택 가격의 1.5%를, 그리고 해마다 보증 잔액의 0.75%를 계속 내게 되어 있습니다. 이 보증료와 대출 이자가 복리로 굴러가면 상환 금액이 계속 늘어나게 되는 것이죠. 따라서 주택연금을 중간에 해지해야 하는 상황이 생기면 생각보다 큰 손실을 볼 수 있으므로 신중해야 합니다.

만약 주택연금 가입을 생각하고 있다면 대출 이자율과 수수료부터 정확히 파악하십시오. 주택연금에 가입했다가 살던 집을 팔고 집값이 오른 다른 주택으로 갈아타려는 계획을 세우는 분들이 있습니다. 이럴 때 주택연금 가입부터 덥석 할 것이 아니라 해지하는 경우를 가정해서 비용 문제를 차근차근 따져보길 바랍니다.

노후에도
월급은 소중해

아라가 사는 아파트는 청소 업체에서 파견 나오신, 일흔 이 넘으신 듯한 어르신들이 날마다 청소를 하신다. 아라는 그분들을 뵐 때마다 친절하게 인사했다.

"할머니, 안녕하셨어요?"

"아기 엄마, 오랜만이네. 잘 지냈지?"

"네, 그럼요. 날이 더워져서 청소하기 힘드시죠?"

"아니야. 늘 하는 일인데."

인사성 좋은 아라가 몇 마디 건네면 어르신들이 참 좋아 하셨다. 아라는 이분들을 볼 때마다 부모님의 얼굴이 떠올 랐다.

"우리 부모님도 이제 곧 일흔이네……."

세 자매의 부모님은 노령연금과 자식들이 주는 용돈으로 생활하고 계셨다. 이것이 두 분 수입의 전부였다. 다 합해봤자 2백만 원이 채 되지 않았다. 생활비며 의료비까지 모두 이 돈으로 해결해야 했기에 두 분이 쓰기에는 조금 부족했다. 더군다나 엄마가 수술을 하셨고, 당분간은 병원을 다니셔야 했다. 고민 끝에 아빠는 친구의 소개로 일을 다니기로 했다. 세 자매가 무슨 일인지 물어보니 아빠는 아파트 단지에서 청소하는 일이라고 대답하셨다.

아빠가 대답을 마치기도 무섭게 주리가 나서서 말했다.

"아빠, 용돈 부족하면 제가 더 드릴게요. 당장 일 그만두세요."

아빠는 그저 웃다가 이렇게 말했다.

"이 녀석아, 너는 화려한 싱글한다며! 그러려면 열심히 돈 모아야지. 자꾸 우리한테 주면 어쩔 거야?"

"아빠, 청소 그거 너무 힘들어요. 몸이라도 상하면 어떻게 하시려고 그래요."

"알았다. 그럼 딸들이 주는 돈 받아서 호강하며 살게. 아무 일도 하지 않으면 되는 거지?"

아빠는 늘 웃으며 농담하듯 대화를 중단시키려 했다.

"아빠, 저희 진짜 진지해요!"

"그래, 알았다니까! 안 할게. 걱정하지 마라."

하지만 아빠는 청소 일을 그만두지 않았다. 아빠의 고집은 누구도 꺾을 수 없었다.

어느 날, 아라는 엘리베이터에서 청소하고 계신 할머니를 만났다.

"할머니, 힘들지 않으세요? 저희 아버지도 얼마 전부터 청소 일을 시작하셨어요. 나가지 말라고 말씀드려도 말을 안 들으세요. 너무 속상해요."

"새댁, 그러지 마. 그건 효도가 아니야. 요즘은 일자리만 있으면 무조건 일하는 게 좋아."

"힘드시잖아요."

"자식들은 부모가 늙으면 갑자기 어린 애 취급하는데, 그럼 못 써. 우리도 우리 몸 아낄 줄 알아. 아버지가 일을 시작하신 건 돈 때문일 텐데, 어린애 말리듯이 해라, 하지 말아라 하면 돼? 아기 엄마는 부모님 말 잘 들어?"

"음, 맞아요, 할머니."

"걱정되는 마음은 알겠는데, 너무 그러지 마. 자꾸 그러면 아버지도 화나."

할머니의 말씀이 옳았다. 아라는 아침에 경제 신문에서 '가장 확실한 노후 대비는 평생 현역'이라는 타이틀을 보았다. 은퇴 후에도 할 수 있는 일이 있다면 얼마나 좋을까? 일을 하면 적당한 긴장감이 유지되고 건강을 유지하면서 활기

차고 여유롭게 살 수 있다. 아무 일도 할 수 없는 상태로 은퇴를 맞는 것은 반갑지 않다. 어쩌면 이것이 우리 부모님들이 처한 현실이고, 앞으로 우리의 모습이 될 수도 있지 않을까?

아라는 집으로 돌아와 아빠에게 전화를 걸었다.

"아빠, 지금 뭐하세요?"

"오전에 일 하나 끝내고 점심 먹고 쉬고 있어. 왜, 또 잔소리하려고 전화 걸었어?"

"아니요. 아빠 일하시는 거 저 이제 반대 안 하려고요."

"잘 생각했다. 너희들 때문에 아주 귀가 따가워. 주리 이것은 집에 찾아와서 난리치고, 모아는 내 얼굴만 보면 잔소리야."

"제가 언니랑 모아한테도 그러지 말라고 얘기할게요. 너무 걱정하지 마세요."

"그래, 고맙다."

"주말에 찾아뵐게요."

"바쁜데 뭐 하러?"

아빠는 말은 그렇게 하면서도 반가운 눈치였다.

"아빠 좋아하시는 돼지 수육이랑 막걸리 사서 갈게요. 주말에 봬요. 아빠."

"더운데 너도 어린애 데리고 힘들겠다. 어서 전화 끊어."

아라는 전화를 끊으며 다짐했다.

'나도 내년부터는 일하러 다녀야지. 노후 준비하려면 지금부터 계획을 잘 세워야겠어.'

여전히 현역인 당신을 응원합니다

부부 한 쌍이 노년을 함께 보낸다고 가정하면, 은퇴 후 노년은 더욱 길어집니다. 앞으로 살아갈 날이 부부가 각각 30년이라면 총 60년입니다. 은퇴 후 60년 동안 살아갈 생활비를 어떻게 준비할 것인지는 은퇴 전에 얼마나 노력하느냐에 달려 있습니다. 남편이 외벌이를 해 두 사람의 생활비를 준비하기란 여간 부담스러운 일이 아닐 수 없습니다.

은퇴 후에 아프지 않고, 정말 기본적인 생활만 한다면 보통 월 150만 원이 필요하다고 합니다. 150만 원으로 30년을 생활한다면 5억 4천만 원이 필요하겠네요. 결코 여유 있게 생활하지 못하는데도 이 큰돈이 필요합니다. 그런데 우리 주변에 이만큼의 자산을 갖고 은퇴를 준비하는 사람이 과연 얼마나 될까요? 30~40년의 긴 노후 생활을 유지하기 위해 보유 자산의 규모보다 더 중요한 것은 꾸준하게 유지되는 현금 흐름입니다. 그러기 위해 필요한 것은 바로 인생 2

막 준비하기! 은퇴 후에도 일을 하며 수익을 내는 것입니다.

인생 2막을 준비하는 것은 빠를수록 좋지만 50대가 가장 적절합니다. 50대는 아직 학습 능력 면에서 가능성이 있습니다. 조금만 관심을 기울이고 집중해서 배운다면 노후에도 부가 가치가 높은 직업을 선택할 수 있습니다. 이 시기를 놓치지 않고 미리 준비한다면 70세가 넘어서까지 일을 할 수 있습니다. 따라서 50대는 은퇴 후 20년을 담보할 전략을 세우는 시기라고 할 수 있습니다.

그렇다면 인생 2막을 준비하는 데 있어 중요한 포인트는 무엇일까요? 일단 예전에 했던 직업을 가져야 한다는 생각에서 벗어나야 합니다. 새로운 것을 적극적으로 배우는 자세가 필요하죠. 사회는 지금까지 변한 것보다 더 빠른 속도로 변할 것입니다. 그 변화 속도에 맞춰 빨리 새로운 일자리를 찾아야 합니다. 두 번째 갖는 직업은 기술을 바탕으로 한 프리랜서도 좋습니다.

어떤 직업에 도전하든 잊지 말아야 할 것은 노후 일자리 시장의 경쟁이 지금보다 훨씬 치열해질 것이라는 점입니다. 재취업이 가장 확실한 노후 준비 방법이라는 것은 모두가 잘 알고 있는 사실입니다. 월 150만 원 받는 일자리를 구하면 현금 11억 원을 맡겨두고 받는 이자와 동일한 효과가 있습니다. 따라서 이렇게 경쟁이 치열한 상황에서 기술이 있고 없고는 구직 기회와 임금을 결정하는 데 있어 결정적인 역할을 한다는 것을 잊지 마십시오.

그런데 기술이 하루아침에 습득되는 것도 아닌데, 너무 힘들지 않겠냐고요? 그렇다면 50대가 아닌, 40대에 먼저 움직일 필요가 있습니다. 40대는 보통 자녀 교육에 매달리는 시기입니다. 교육비가 많이 들어 정작 부부의 노후 준비는 뒷전으로 밀려납니다. 그런데 사실 이럴 때일수록 교육비와 노후 준비 비용 간의 균형을 맞추는 것이 중요합니다. 자녀 교육에 모든 것을 쏟아부을 것이 아니라 적은 금액이라도 부부의 인생 2막, 재취업을 위해 투자한다면 그 가정의 미래는 그렇지 않은 가정과 확연히 차이가 날 수밖에 없습니다. 그러면 끝으로 재취업을 위한 노하우를 공유하겠습니다.

1. 인적 네트워크를 총동원하라

전문직이나 경영 관리자라면 헤드헌팅 회사에 등록하는 것이 좋다. 취업박람회를 직접 방문하는 것도 좋은 방법이다. 가장 확실한 것은 지인을 통한 재취업이다. 특히 중소기업은 구직자의 인성을 매우 중요하게 생각한다. 평소에 인적 네트워크를 잘 쌓아두어야 하는 이유가 바로 이 때문이다.

2. 자신을 객관적으로 파악하라

내가 가진 역량 중에 다른 직장에서도 써먹을 수 있는 역량이 무엇인지를 파악해야 한다. 예를 들어 해외 영업을 했다면 외국어와 협상 능력이 뛰어날 것이므로 그에 맞는 직장을 구하는 것이 좋다.

3. 재취업도 적성이 중요하다

재취업을 할 때 연봉이나 회사 위치, 업무 특성을 가장 중요하게 고려하는 사람이 많다. 재취업도 결국 취업이다. 나의 능력을 잘 살릴 수 있는 직업, 적성에 맞는 직업이 무엇인지 파악하는 것이 더욱더 중요하다.

4. 재취업 이력서는 달라야 한다

재취업 이력서에는 풍부한 경험을 잘 강조시켜야 한다. 따라서 경력을 가장 위에 작성하는 것이 좋다. 만약 순서를 바꿀 수 없다면 이력서 문서를 편집할 때 경력을 부각시켜야 한다.

5. 정부의 지원과 정책을 활용하라

재취업을 위한 직업 교육을 지원하는 곳이 많다. 폴리텍대학, 직업전문학교 등에서 운영하는 국비 지원 프로그램을 활용하라. 재취업 과정 전체를 집중적으로 지원하는 프로그램도 있다. 고용노동부에서 운영하는 취업 성공 패키지를 활용하는 것도 좋은 방법이다.

6. 시니어 취업 정보 사이트를 활용하라

고용노동부의 워크(work.go.kr), 장년 일자리 희망넷(www.4060job.or.kr), 전국경제인연합회의 중장년일자리희망센터(www.fki−rejob.or.kr) 등을 통해 구직 정보를 알아볼 수 있다.

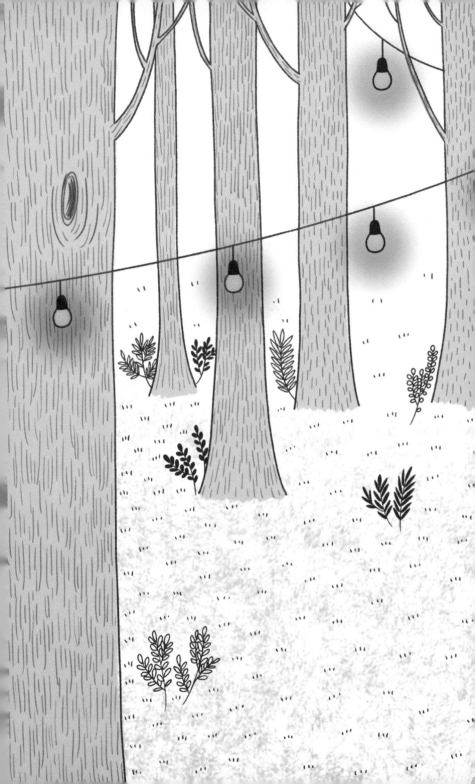

05

여자의 돈 관리

여자의, 여자에 의한,
여자를 위한 재무 솔루션

여자,
돈을 공부하다

　　불멸의 여배우 마릴린 먼로가 영화 〈신사는 금발을 좋아해〉에서 '다이아몬드는 여자의 베스트 프렌드'라는 노래를 불렀다. 노래 가사는 이렇다.

　　키스가 좋다한들 아파트 월세를 내주거나,
　　음식 자판기 값을 대신 내주지 않죠.
　　여자가 늙을수록 남자는 차가워지고
　　우리는 매력을 잃지만
　　보석은 형태를 잃지 않아요.

　　이 영화에서 마릴린 먼로는 젊은 여자로서의 매력을 발

휘해 부자 남자를 유혹하려는, 소위 말하는 '된장녀' 캐릭터다. 하지만 그저 허영심 가득한 여자라고 해버리기엔 그녀의 주장이 옳은 면도 있다. 그건 바로 여자가 나이 들수록 믿고 기댈 것은 돈이라는 사실! 이 사실을 빨리 깨달을수록 좋다. 여성의 삶을 안전하고 행복하게 지켜줄 것은 남자가 아닌, 돈이기 때문이다.

내가 재무 상담가로서 여성을 위한 책을 써야겠다고 생각한 데에는 남다른 이유가 있었다. 여성들이 가진 돈에 대한 마인드가 남성의 그것보다 더 현명하기 때문이다. 상담을 하면서 성별에 따라 돈에 대한 마인드가 많이 다르다는 것을 알 수 있었다.

나는 돈을 규모 있게 쓰고 돈에 관한 시스템을 만드는 방법을 여성들에게 알려주면 좋겠다는 생각을 했다. 실제로 여성들은 돈에 관심이 많고 공부하고자 하는 의욕도 강하다. 문제는 어떻게 시작해야 할지 모른다는 사실이다. 가뜩이나 하루하루 생활하는 것도 바쁜데 경제 공부까지? 하지만 너무 어렵게 생각할 필요가 없다.

초보들이 경제 공부를 할 때 가장 좋은 수단은 바로 경제 신문이다. 다양한 종류의 경제 신문에서 여러 가지 정보를 접하면 확실히 공부가 된다. 신문만 잘 봐도 부동산, 환율 등에 관한 정보를 얻을 수 있다. 기업의 CEO나 임원들이 매일 아침마다 빼놓지 않고 경제 신문을 보는 것도 같은 이유 때문이다.

경제 신문을 읽기로 마음먹었다면 처음부터 끝까지, 한 글자도 놓치지 않고 읽겠다고 욕심을 부려선 안 된다. 우선은 큰 제목 위주로 봐야 한다. 부동산, 금리, 대기업 동향, 이 세 가지 정보를 중점적으로 보아라. 그리고 그것이 익숙해지면 요즘 가장 뜨거운 이슈를 구분해보아라. 중요하다고 생각되는 기사를 오려 스크랩하는 것도 좋은 습관이다.

너무 바쁘다면 경제 공부를 하루에 딱 20분만 하겠다고 계획을 세워도 좋다. 핵심은 매일, 꾸준히 하는 것이다. 워킹맘이라면 출퇴근 시간을 이용해서 경제 관련 기사를 읽어도 좋고, 이어폰을 끼고 경제 관련 강의를 들어도 좋다. 전업주부라면 아이를 데리고 놀이터나 키즈카페에 갈 일이 많을 것이다. 이때 스크랩한 기사나 책을 읽고 휴대폰을 이용해서 유튜브 강의를 들을 수 있다.

많은 사람이 하루 중 상당 시간을 인터넷을 하며 보낸다. 인터넷으로 재미있는 콘텐츠를 보면서 스트레스를 푸는 것도 좋지만 경제를 배우는 데 활용해보는 것은 어떨까. 최근 직장을 다니면서 재테크 공부를 하는 이른바 직터디족(직장인 재테크 스터디족)이 늘어났다. 그들은 인터넷 스터디 카페를 중심으로 정보를 교환하고 재테크에 대해 공부한다. 또한 정모를 통해 공부한 것을 공유하기도 한다.

부동산 중개소에 자주 방문하는 것도 좋은 공부 방법이다. 동네마다 부동산 중개소가 수도 없이 많다. 이사를 가야 할 때만 부동산 중개소에 갈 것이 아니라 가끔 들러 요즘 전셋값이 얼마인지, 지금은 매도 시기인지, 매수 시기인지 감이라도 잡는 것이 좋다. 특별히 부동산에 관심이 많은 사람이라면 내가 살고 있는 지역뿐 아니라 관심이 가는 지역의 부동산 중개소에도 찾아가볼 필요가 있다. 매매 트렌드를 파악하다보면 뜻밖의 호재를 발견할 수도 있다.

끝으로, 재테크 전문가의 강의를 듣는 것도 좋은 공부가 된다. 강의를 통해 정보를 얻는 것도 중요하지만 현장에서 많은 사람의 공부에 대한 열기를 느끼면 더 열심히 공부해야겠다는 의지가 생긴다. 백화점 문화센터는 여성, 특히 주부를 대상으로 활발하게 재테크 교육을 진행한다. 그런데 백화점 문화센터 강좌의 경우, 콘텐츠가 부동산에 집중되어 있다. 많은 여성이 투자는 위험하고 어려운 것이라는 편견을 가지고 있기 때문이다.

만약 주식 투자, 채권, 창업 등 재테크 시장 전반에 대해 공부하고 싶다면 경제 전문 강의를 들어야 한다. 이런 강의는 대부분 유료인데, 공부를 위한 투자라고 생각하고 과감하게 수강해보는 것이 좋다.

딱딱한 경제 공부를 당장 시작하려면 엄두가 나지 않을 것이다. 하지만 어떤 분야에서든 자신의 잠재력을 믿고 계발하려는 노력이 반드시 필요하다. 많은 여성이 자신의 능력을 믿고, 힘을 기르고, 삶을 주도적으로 바꾸었으면 좋겠다. 돈에 관한 공부는 나와 가족의 미래를 위해서라도 반드시 필요하다.

아플 일 많은
여자의 일생

여성의 노후는 남성의 노후와 양상이 다르다. 노후 준비를 할 때 이 점을 기억해야 한다. 그렇다면 여성과 남성의 노후가 다른 이유는 무엇일까? 기본적으로 기대수명뿐 아니라 경제 활동에 따른 소득 수준이 다르기 때문이다. 또한 질병도 성별에 따라 다르다.

여성들은 노후에도 의료비에 쪼들리지 않도록 미리 준비해야 한다. 결혼한 여성이 남편보다 10년 더 오래 산다고 해서 무조건 병이 나거나 병원 신세를 지는 것은 아니지만 수명이 길면 당연히 의료비가 많이 들어간다. 이 점을 잊지 말아야 한다.

따라서 여성들은 앞서 소개한 실손보험은 물론, 여성 전용 보장성 보험에 대해 알아둘 필요가 있다. 실손보험이나 여성 전용 보장성 보험은 한 살이라도 젊을 때 가입해놓는 것이 좋다. 동일한 보장이라도 나이가 어릴수록 보험료가 저렴하다. 또 나이가 들수록 질병에 걸릴 확률이 높아 질병에 걸린 뒤에는 보험에 가입하고 싶어도 가입이 어려울 수 있다.

마지막으로 치매나 간병이 필요한 상황에 대비해야 한다. 현재 시중에 나와 있는 치매보험이나 간병보험의 경우 중증 상태만 보상되는 상품이 대부분이다. 그렇기 때문에 보험으로 준비하는 것보다 의료비 명목으로 저축하는 것이 더 바람직다. 물론 노후 준비를 하는 것조차 쉽지 않는 것이 현실이지만, 의료비 준비는 절대 놓치면 안 되는 항목이다.

건강 다음으로 노후 준비에서 중요한 것은 노후 생활이다. 생활하는 데 있어서 주거만큼 중요한 것은 없다. 현재 살고 있는 집은 절대 처분하지 않아야 한다. 남편이 사망하고 별다른 수입이 없을 수도 있는 미래를 대비해야 한다. 그때 가서 집을 담보로 연금을 받으려면 반드시 집이 필요하다. 여성에게 집이 최후의 보루라는 말이 괜히 있겠는가. 만약 주택 규모를 줄였거나 외곽으로 이사해서 자금이 생겼다면 연금 상품에 가입하는 것이 좋다.

노후의 소득원과 연금도 점검할 필요가 있다. 노후 준비를 할 때 연금 자산을 최대한 끌어올리는 전략을 세우는 것이 좋다. 보통의 가정은 남편이 일찍 사망하면 부인은 빈곤한 노후를 보낼 가능성이 크다. 남편 없이 홀로 살아가려면 반드시 연금이 필요하다.

그러나 국민연금관리공단에서 발표한 통계에 의하면 우리나라 여성의 국민연금 가입률은 남성에 비해 낮다. 국민연금이 이러니 개인연금, 퇴직연금 가입률이 낮은 것은 말할 것도 없다. 여성 노인들이 복지의 사각지대에 놓이는 이유가 바로 여기에 있다. 노후를 위해 기본 세 가지 보장제도, 즉 국민연금, 퇴직연금, 개인연금은 반드시 마련되어 있어야 한다. 이 연금들의 특성을 잘 알아보고 자신에게 유리한 방법으로 연금 자산을 마련해야 한다.

2017년부터 우리나라는 유엔(UN)에서 정의한 고령 사회로 진입했다. 자연히 남편과 사별한 후 혼자 사는 여성 노인의 수도 늘고 있다. 핵가족이 보편화되면서 고령의 부모와 동거하는 자식은 찾아보기 어렵다. 자녀가 노후를 책임져줄 것이라고 기대하는 사람도 크게 줄었다. 그렇기 때문에 보통 남성보다 오래 사는 여성들은 노후 준비에 더욱 관심을 기울여야 한다.

나 빚 없는
여자야

'여자들만의 비밀! 대출 상담, 간편하게 받으세요.'

'난 여자니까! 쉽고 빠른 대출!'

여성이라면 여성 우대 대출을 강조하는 대부 업체의 광고를 한 번쯤 눈여겨본 적이 있을 것이다. 이렇게 유독 여성을 내세운 대출이 많은 이유가 무엇일까? 그것은 바로 대출 심사에서 불리한 여성들의 취약함을 노린 대부 업체들의 노림수라고 할 수 있다.

실제로 수많은 대부 업체가 은행권의 대출 문턱을 넘지 못한 주부와 여대생 같은 여성 고객을 상대로 수익을 올리고 있다. 개중에는 연 24%의 살인적인 고금리를 무는 업체도 있다. 여성 대상 고금리 대출이 사회 문제로 떠오른 지

오래되었지만 안타깝게도 여성들의 대출액은 매년 증가하는 추세다. 여성들은 주로 병원비나 생활비 같은 급전을 마련하기 위해 대부 업체에 고금리로 돈을 빌린다. 가뜩이나 소득이 없거나 신용 등급이 낮아 은행 문턱을 넘기 어려운 주부, 여대생들은 고금리 상품을 이용했다가 원리금 상환을 감당하지 못하는 일이 많다. 결국 신용불량자로 전락하거나 빚을 돌려 막기 하는 악순환의 늪에 빠지는 경우도 허다하다. 따라서 여성들은 대출을 이용하고자 할 때 신중하게 접근할 필요가 있다.

문제는 우리가 이미 부채 없이 살 수 없는 부채의 시대를 살고 있다는 점이다. 우리나라 가계 부채는 1천 2백조 원으로, 한 해 국가 예산(386조 원)보다 3배 이상 많다. '빚테크'라는 신조어까지 생겼을 정도다. 어차피 빚을 질 수밖에 없는 상황이라면 최대한 현명한 방법을 찾아야 한다.

미국의 재무 전문가 에릭 타이슨에 따르면 좋은 빚과 나쁜 빚이 있다고 한다. 좋은 빚은 장기간 투자를 위한 것으로, 관리만 잘하면 나중에는 큰 이득으로 돌아올 수 있다. 대표적인 예로 학자금 대출을 꼽을 수 있다. 여러 가지 교육을 잘 받아 이후에 임금을 많이 받게 되면 결과적으로 좋은 빚이 되는 것이다. 반면에 나쁜 빚은 시간이 지나며 가치가 떨어지는 곳에 돈을 쓰는 경우를 말한다. 예를 들어 좋은 차를 할부로 사면 시간이 갈수록 가치가 떨어진다. 컴퓨터나 휴대폰 구매, 먹거리를 위한 빚 역시 나쁜 빚이다.

만약 기혼 가정이라면 빚에 대한 결정은 여성이 하는 것이 좋다. 남성은 구상만 많이 하고 실천에는 약하다. 실물 경제를 잘 모르기 때문에 빚을 질 때도 '갚으면 된다'라는 터무니없는 생각으로 덜컥 큰 빚을 지는 경우가 많다. 이럴 때 여성이 나서서 제동을 걸어줘야 한다.

대출을 고려할 때 중요한 것은 대출의 규모와 상환 계획, 대출의 목적이다. 대출 규모를 결정하기 위해서는 지금 필요한 자금과 끌어낼 수 있는 자금의 규모를 비교해야 한다. 예를 들어 집을 사려는데 사고 싶은 집에 비해 가진 돈이 적다고 해서 무턱대고 빚을 내면 안 된다. 대출 규모가 너무 커질 것 같으면 지역을 바꾸든지, 집의 규모를 줄이는 식으로 대안을 찾아야 한다.

대출 규모를 결정할 때 상환 계획이라는 큰 그림도 그려져 있어야 한다. 내 급여, 혹은 남편의 급여가 오를 것인가, 외벌이에서 맞벌이가 될 것인가, 나와 남편, 아이들이 어떻게 살 것인가 등의 구체적인 그림을 그려야 한다.

대출의 목적 역시 생각해야 한다. 집을 산다면 그 목적이 아이들의 교육 때문인지, 출퇴근의 편리함 때문인지, 생활의 안정감 때문인지 고민해보라는 것이다. 목적이 없으면 리스크를 안고 대출을 받은 보람이 없다. 또한 목적이 불명확하면 배가 산으로 가는 경우가 발생할 수 있다. 목적이 확실할 때 대출을 고려해야 한다.

마지막으로 중요한 것은 상환 기간이다. 상환 기간은 장기로 잡는 것이 좋다. 주택 담보의 경우, 상환 기간이 최대 30년까지 가능하다. 맞벌이 가정이라면 상환 기간을 15년 이상으로 설정해 소득공제 혜택 조건에 따르는 것이 좋다. 소득공제 혜택 조건은 1가구 1주택, 주택 구입 후 3개월 이내 신청자, 대출 기간 15년 이상, 시가 4억 원 이하다. 이렇게 대출 기간을 길게 잡고 갚아 나가다가 중간에 목돈이 생기면 중도 상환하는 것이 바람직하다.

내 돈을 지킬 사람
나야 나!

우리나라가 고령화 사회에 진입하면서 노인 인구가 꾸준히 늘고 있다. 그중에는 여성이 차지하는 비율이 높다. 여생을 혼자 보낼 여성은 무엇을 준비해야 할까? 많은 사람이 가장 먼저 연금을 떠올릴 것이다.

앞서 살펴본 국민연금제도는 가족 구성원을 기준으로 유족연금이 지급되는 시스템이다. 이 시스템은 남편은 경제적인 활동을 하고, 부인은 전업주부라는 가정하에 만들어졌다. 그래서 이 시스템이 사회의 변화를 따라가지 못하고 있다는 지적이 많다. 지금은 여성의 사회 활동이 늘어났고, 이혼율도 계속 증가하는 추세다. 제도와 현실이 맞지 않는 것이다.

우선 결혼과 출산으로 경력 단절이 있었던 여성들은 재취업을 해도 정규직보다 계약직으로 일하는 경우가 많다. 여기에 이혼까지 할 경우, 국민연금제도로 혜택을 보고자 할 때 불리함이 작용한다. 따라서 국민연금 같은 공적연금만으로 노후를 대비하는 것은 위험하다. 퇴직연금과 개인연금 등으로 부족한 부분을 든든하게 뒷받침해줄 필요가 있다. 결혼한 여성이든, 싱글인 여성이든 잊지 말아야 할 것이 있다. 바로 내 돈을 지킬 사람, 유지하고 관리할 사람은 나라는 사실!

먼저 퇴직연금에 대해 알아보자. 안타깝게도 여성의 개인형 퇴직연금(IRP) 가입률은 남성에 비해 미미하다. 따라서 노후를 안정적으로 보내고 싶다면 퇴직연금을 추가로 더 적립하는 것이 좋다. 퇴직연금의 종류는 확정급여형(DB) 확정기여형(DC) 개인형(IRP)이 있다. DB형은 회사가, DC형은 개인이 운용 책임을 진다. DB와 DC형은 회사가 사업자를 선택하고 사용자 부담금을 납입한다는 공통점을 가지고 있다. 이와 달리 IRP형은 개인이 추가적으로 가입해서 자유롭게 운용할 수 있다.

IRP의 가장 큰 장점은 세제 혜택에 있다. IRP에 입금된 퇴직금과 자기 부담금에 대해 퇴직소득세를 내지 않고 운영할 수 있고 연간 1천 8백만 원까지 납입할 수 있는데, 그중 7백만 원까지(연금저축과 합산) 세액공제 대상 금액이 된다.

총 급여 5천 5백만 원 미만: 16.5%

총 급여 5천 5백만 원 이상: 13.2%

→ 연봉이 1억 원이면 7백만 원 × 13.2% = 92.4만 원

→ 연봉이 5천만 원이면 7백만 원 × 16.5% = 115.5만 원

세액공제율은 총 급여 5천 5백만 원 이하는 15%, 그 외는 12%가 적용된다. 연금으로 인출하면 원천에 관계없이 저율의 연금소득세가 적용된다는 것을 잊지 말자. 원천이 퇴직소득일 때는 퇴직소득세율의 70%를 적용하고, 분리과세한다.

퇴직연금에 가입하면 운용 관리 수수료와 자산 관리 수수료가 발생하는데, 이 수수료도 줄일 수 있다. 여기서 말하는 수수료는 퇴직연금 사업자가 적립금에 대한 정보, 적립금 운용 현황 등을 기록하고, 보관하고, 관리하는 데 드는 비용이다. 수수료가 싼 퇴직연금 사업자를 택할 수도 있지만 무조건 수수료가 낮은 사업자를 선택하는 것은 위험하다. 일반 펀드에 비해 퇴직연금에 편입된 펀드 성과가 대체적으로 우수한 것으로 알려져 있지만 금융사의 안전성과 서비스 질도 확인해야 한다.

노후는 생각보다 길다. 긴 노후를 잘 준비하려면 미래의 연금액을 산정해보고 노후에 필요한 월 생활비가 나올 수 있는지 체크해보아야 한다. 노후에 얼마 정도면 살 수 있는지 부부가 함께 현실적으로 예산을 세워야 한다. 그리고 국민연금을 비롯해 각종 준비 상황을 꼼꼼하게 살펴보는 과정이 필요하다.

소득공제, 세액공제가 가능하고 가장 보편적으로 인기가 많은 연금저축에 대해서도 알아보자. 세제 혜택 때문에 인기가 많은 만큼 세제 혜택의 의미

를 정확하게 알아야 한다. 연금 저축의 세액공제란 정해진 비율만큼 공제해주면서 해당 금액에 대해서는 인출 상황에 따라 다시 과세하는 방식을 취한다. 현재 기준으로 13.2%를 공제해주지만 연금으로 수령할 때는 연금소득세 3.3~5.5%를 징수하는 것이다. 연금 외 수령을 선택했을 경우에는 기타 소득세 16.5%가 적용된다. 따라서 연금저축의 세액공제 효과를 누리려면 반드시 연금으로 인출해야 한다.

그런데 여기서 연금저축을 둘러싼 오해가 발생한다. 연금저축의 연금이 연간 1천 2백만 원을 초과할 경우 종합과세가 되어 연금으로서의 의미가 없다는 것이다. 정말 그럴까? 연금저축은 세액공제를 받지 않은 원금, 퇴직소득, 이익금 모두 과세를 다르게 적용한다. 일단 원금은 연금으로 수령하든 연금 외 인출로 수령하든 과세 대상이 되지 않는다. 퇴직소득의 경우는 연금으로 수령하면 연금소득세라는 이름으로 원래 내야 과세되는 퇴직소득세의 70%만 낸다. 만약 연금 외 수령을 선택하면 최대로 설정된 퇴직소득세만 내면 된다.

가입자들로부터 오해를 가장 많이 사는 것은 이익금이다. 보통 우리가 가입하는 연금저축은 세액공제를 받을 수 있는 연 4백만 원(월 33만 원) 선이다. 4백만 원을 10년 납입하면 4천만 원, 20년이면 8천만 원이다. 이익금을 고려해도 1억 원 남짓이다. 이를 2.5% 수익률을 적용해 연금으로 수령한다면? 10년간 나눠 받아도 월 1백만 원이 안 된다. 종합과세가 될 여지는 없다고 봐야 한다.

그리고 연금저축은 은행, 증권사, 보험사에서 가입할 수 있는데, 연금저축을 유지할 기간이 10년 이상이라면 증권사의 연금펀드를 이용해서 수익률을 극대화하도록 하자. 만약 10년 이하라면 안정적으로 운용하기 위해 은행이나 보험사의 연금신탁, 연금저축보험을 준비하는 것이 좋다.

연금보험에 가입할 경우에는 연금저축과 달리 신중하고 또 신중해야 한다. 연금보험에 가입하려면 연금보험 공시이율, 수수료, 운영비를 모두 비교한 뒤에 선택해야 한다. 연금보험에 가입한다는 것은 자그마치 20년간 내 노후 자금을 운용할 회사를 결정하는 셈이기 때문이다. 또 연금보험은 똑같은 금액의 돈을 넣어도 지급되는 돈은 상품별로, 판매 채널별로 다르기 때문에 은퇴 시점에 따라 다르게 선택해야 한다.

특히 공시이율연금보험의 경우, 은퇴를 10년 앞두고 가입하기에 적절하다. 금리가 연동되기 때문에 안전성은 확보되지만 수익이 물가상승률을 따라가지 못할 수도 있기 때문에 너무 오래 묻어두면 연금으로서의 가치가 떨어질 수 있다.

만약 형편이 비교적 여유로우면서 은퇴까지 시간이 많이 남아 있다면 변액연금보험에 가입하는 것을 고려해볼 수 있다. 변액연금보험은 주식, 채권 등에 보험료를 투자해서 물가상승률에 따라 자산이 하락하는 것을 보상해주는 상품이다. 주식 비중을 조절할 수 있고 연금을 개시할 때 원금 보장이 가능한 것도 장점이다.

그러나 변액연금보험도 길게 가져가는 상품이다. 가입 후 최소 10년 이상은 유지해야 한다. 만약 길게 유지하기 어렵다는 판단이 서면 차라리 가입하지 않는 것이 좋다. 사업비를 포함한 수수료가 매우 높아 해약하면 손해가 크다. 그럼에도 가입해야겠다고 결정했다면 사업비, 운용 능력, 운용사의 자산 규모 등을 비교해봐야 한다.

사모님 소리는 못 들어도
부자 소리는 듣자

세계적인 부자로 꼽히는 록펠러는 어떻게 해서 부자가 됐느냐는 질문에 이렇게 대답했다.

"지출을 줄여 번 돈을 지키고 관리해야 부자가 될 수 있다!"

세상엔 부자가 참 많다. 그들은 어떻게 해서 부자가 된 것일까? 돈을 많이 벌었기 때문일까? 흔히 돈을 많이 벌어야 부자가 된다고 하지만 돈을 많이 버는 것만으로는 부족하다. 돈이 돈을 벌게 하는 것이 부자들이 부를 쌓는 비법이다.

그렇다면 부자가 아닌 우리는 어떻게 돈을 벌어야 할까? 답은 간단하다. 직접 밖으로 나가 돈을 벌어야 한다. 우리는 근로 현장에서 노동력과 지식을 발휘해서 벌어들이는 돈,

즉 근로 소득으로 살아간다. 근로 소득이 있다는 사실만으로도 고마운 일이지만 직장에 묶여 있으면 시간적·물리적으로 제약이 많다. 게다가 나이가 들어서 은퇴라도 하면?

이렇게 우리가 월급에 의존하는 것과 달리 부자들은 나를 대신해서 돈을 버는 수단을 가지고 있다. 그들은 근로 현장에 나가지 않아도 임대 소득, 배당 소득, 금융 소득, 저작권 수입으로 은퇴 없이 부가 가치를 창출한다. 이것이 바로 불로 소득이다.

부자들은 불로 소득의 원천이 하나가 아니라 여러 개다. 오피스텔로 월세를 받으면서 주식 배당금도 받고 부동산을 팔아 시세 차익을 남긴다. 중요한 것은 부자들은 소득원을 계속해서 만든다는 것이다. 그들은 돈이 되는 것을 알아차리는 능력, 즉 정보력이 있다. 그들은 누구를 만나든 무슨 일을 하든 돈이 되는 정보를 찾아 움직인다. 그러면서 투자 자산의 비중을 늘려 나간다. 금융 상품에 가입할 때는 한 푼이라도 금리를 더 주는 상품을 직접 찾는다. 또 자신의 투자 성향을 미리 파악하고 원금 손실을 볼 수 있는 조건을 매우 꼼꼼하게 확인한다. 끝으로 그들은 금전 흐름을 빠짐없이 기록한다. 고정적인 비용 안에서 새나가는 돈을 찾고 이를 다시 재원으로 만드는 작업을 잘하려면 반드시 기록을 할 필요가 있다.

지금은 평범하게 근로 소득에 의지해서 살지만 조금씩 불로 소득의 원천을 만들고 싶지는 않은가? 그렇다면 나만의 관심사, 열정부터 파악해야 한다. 내가 잘하고, 하고 싶은 것이 있어야 한다. 처음에는 취미와 재미로 매달리다가 용돈 벌이라도 하게 되면 그것이 씨앗이 되어 불로 소득을 올릴 수 있다.

이 작업을 혼자 해내기 어렵다면 전문가의 도움을 받도록 하자. 부족한 능력을 채워줄 전문가나 자신이 개발하는 아이템 분야의 사람들에게 관심을 갖는 것이 중요하다. 그들이 출간한 책을 읽거나 이메일을 직접 쓰거나 강연회에 찾아가 질문을 해보아라. 적극적으로 배우려는 사람을 싫어하는 사람은 없다. 이렇게 아는 사람을 많이 만들어 핵심 인맥과 거래처를 확보해나가는 전략이 중요하다.

부자들은 대부분 짧게는 10년, 길게는 20년간 한 우물을 판 끝에 부자가 된 것이다. 자기 분야에서 보통이 아닌 최고가 된다면 불로 소득의 원천을 만들어낼 확률도 높아진다. 우리에게도 일하지 않아도 돈이 생기는 꿈같은 일이 현실이 될 수 있다. 그렇게 되면 사모님 소리는 못 들어도 작은 부자는 될 수 있지 않을까?